교류분석이 말하는 **기분 나쁜 대화** 해결하기

이상한 대화의 비밀

프롤로그

 이 세상에 힘들지 않은 것이 있을까? 부자로 태어나더라도 그 부를 유지하기 위해서는 누군가와 벌어지는 갈등을 해결해야 한다. 현재 당면한 골치 아픈 문제를 해결하면 모든 문제는 없어질 것 같아 보이지만 이후에 또 다른 문제가 나타나 나를 힘들게 한다. 혼자 살지 않는 이상 우리는 누군가와 갈등을 겪게 된다. 그래서 '혼자 일하면 좋겠다'고 생각할 때도 있지만 그것은 절대로 이루어지지 않는다.
 갈등의 대부분은 대화로 이루어진다. 우리는 평생 대화를 하지만 그것이 우리의 대화 실력을 크게 높여주지는 못한다. 이상한 말 습관을 가진 사람이 올바른 말을 하게 되는 경우는 드물다. 제발 다음 직장에서는 이상한 사람을 만나지 않게 되기를 희망하지만 전혀 예측을 할 수 없다. 결국 또 이직을 하게 되는 일이 벌어진다. 좋은 사람들만 만날 수는 없을까?
 우리는 사람들과의 갈등으로 힘든 마음을 추스르기 위해서 주변 사람들과 이야기를 나눈다. '마음가짐을 바꾸자', '명상을 해 보자', '성격 진단을 해 보자', '상대방의 입장이 되어 보자' 등 많은 방법들을 우리는 이미 알고 있다. 이것들 중 어떤 것은 실제로 도움이 되기도 한다. 하지만 우리가 간과하고 있는 것이 하나 있다. 상대방의 입장이 되면 다 이해가 될까? 그렇지 않다. 이해가 되지 않는, 정말 이상한 사람들이 있다. 그들과 대화를 하면 할수록 나에게 독으로 작용한다. 이 책에서는 이 사람들을 '게이머'gamer라는 용어를 써서 설명한다. 게이머가 있다는 것을 잘 모르는 이유는 우리 스스로 사람에 대해서 부정적으로 판단하는 것을 조심하기 때문일 것이다. 게이머는 '교류분석'이라는 이론에 나오는 용어다. 게이머가 사용하는 '심리게임'이라는 대화가 있는데, 보통 사람들은 이것을 쉽게 분석할 수 없다. 그래서 당신은 이 책을 다 읽고 난 후에 충격에 빠질 수도 있다. 그동안 나를 힘들게 한 사람들이 게이머라는 것, 그리고 내가 그들에게 응대했던 모습을 떠올려 보니 너무나 많은 에너지를 소모했다는 것을 알게 되기 때문이다. 이 책의 내용은 앞으로 당신이 겪게 될 많은 심리게임으로부터 당신을 지켜 줄 것이다.

당신이 충격에 빠지는 또 다른 이유는 당신 또한 게이머일 수 있다는 점 때문이다. '그동안 내가 잘못한 거였구나'라는 생각이 들어 미안한 마음, 부끄러운 마음이 한동안 교차할 것이다. 하지만 오히려 다행이라고 생각하자. 게이머가 자신의 심리게임 사용을 고칠 수 있는 가능성은 낮은데 당신은 그것이 가능하게 되었기 때문이다. 하늘이 준 기회라고 생각하자.

교류분석은 많은 교육에 등장한다. 심리게임, 게이머, PAC, 부모, 어른, 자녀, 스트로크, 인생태도, I'm OK,

You're OK, 오염, 교류패턴, 상보교류, 교차교류, 이면교류 등의 단어를 들어 본 적이 있는가? 이 단어들은 교류분석에서 설명하는 것들이다. 하지만 이것들이 정확히 무엇을 말하고 어떻게 서로 연결되는지 아는 사람은 드물다. 교류분석은 '이상한 대화'를 하는 사람들을 분석하는 프로그램이다. 여기에서 말하는 '이상한 대화'는 반드시 상대방에게 불쾌감을 선사한다. 이들의 대화는 매우 독특한 방식으로 진행이 되는데, 상대가 쉽게 이해할 수 없는 대화로 끌고 나간다. 그들과 대화를 길게 하면 할수록 더 미궁에 빠져 버린다. 나중에 그 대화를 곰곰히 생각해 봐도 여전히 원인이 뭔지, 무엇이 잘못되었는지 알 수가 없다. 말 그대로 정말 '이상한 대화'다. 이 책은 상대를 기분 나쁘게 만드는, 이상한 대화를 하는 사람들을 분석한다. 이 책을 읽으면서 떠오르는 사람들이 있을 것이고 어떻게 그들을 대처해야 할지 해결책을 찾게 될 것이다. 그 해결책이 당신에게 어떤 결정을 하도록 요구할 수도 있다. 그래서 이 책은 가볍게 볼 내용의 책이 아니다. 진지하게 읽는 것을 추천한다.

이 책의 계획을 이야기했을 때 함께 저자로 참여해 주신 분들에게 감사를 드린다. 한국의 현실에 적합한 내용을 함께 쓸 수 있었고 이 내용을 통해 독자들은 심리게임에 더 쉽게 다가갈 수 있을 것이라 확신한다. 무엇보다 평생 도움이 될 대화의 지혜를 얻을 수 있다.

> 심리게임을 안다는 것은
>
> 나를 기분 나쁘게 만들고,
>
> 그것으로 자신의 목적을 달성하는,
>
> 그런 사람을 아는 것이다.
>
>
> 게이머는 자신의 허기를 채우기 위해서
>
> 오늘도 집밖을 나선다.
>
> 그리고 만나는 사람에게
>
> 역할을 전환해
>
> 상대를 혼란스럽게 만든다.

당신이

반드시 알아야 할 것이 있다.

모든 책임은

게이머에게 있다.

자책할 필요도 없고,

하루 종일 힘들어 할 필요도 없다.

이제는 그들로부터 벗어나자. 99

목차

프롤로그 · 7

1. 이상한 대화

이상하게 기분이 나쁘네 · 20

아, 근데요 · 22

제가 바보 같아서요 · 24

고마운지를 몰라 · 26

생각 좀 하고 말해야죠 · 28

트집잡는 직장 상사 · 30

2. 심리게임

심리게임 · 36

미끼, 약점, 반응 · 37

전환 · 38

혼란, 보상 · 39

심리게임의 이름 · 41

에릭 번 · 42

PAC · 43

인생태도 · 49
- 01. 자기부정 · 51
- 02. 타인부정 · 54
- 03. 자기부정, 타인부정 · 57

오염 · 59
- 01. P가 A를 오염 · 59
- 02. C가 A를 오염 · 62

아이 자아^C 사용하기 · 63

조정력 · 64

스트로크 · 65
- 01. 긍정스트로크 · 66
- 02. 부정스트로크 · 67

시간구조화 · 68

긍정스트로크 채우기 · 73

나에게만 게이머? · 74

내가 게이머? · 77

3. 드라마 삼각형

막장 드라마 · 80

드라마 삼각형 · 82

희생자 · 83

공격자 · 86

구원자 · 90

디스카운트 · 95

역할의 전환 · 96

범죄자의 역할 전환 · 101

선후배 사이에서의 역할 전환 · 104

좋게 마무리 짓는 역할 전환 · 105

사업에 끌어들일 때 사용하는 역할 전환 · 109

인생태도의 영향 · 111

4. 상황별 심리게임 사례

직장 · 116

01. 그래도 어차피 제가 다 해야 해요 · 117
02. 나만 이렇게 걱정해야 하는 거야? · 120

03. 그걸 왜 저희 팀에서 합니까? · 123
　　04. 죄송합니다. 다음부터는 잘 할게요 · 126
　　05. 불안한 야자타임 · 129

부부 · 133

　　01. 이게 다 당신 때문이야 · 133
　　02. 누가 너보고 그걸 하라고 했어? · 138
　　03. 별것 아닌 것 가지고 · 141
　　04. 나 안 할거야 · 144
　　05. 정신 나간 것 아냐? · 147

시댁 · 151

　　01. 마음을 그렇게 몰라요? · 152
　　02. 다 너 잘 되라고 하는 거야 · 156
　　03. 참 좋겠어 · 160
　　04. 해 준 돈이 얼마인데 그걸 못해? · 165
　　05. 꼬박꼬박 말대꾸니? · 171

친구 · 175

　　01. 내가 문제지 + 도움 필요하면 연락해 · 175
　　02. 음, 근데 ~ 않을까? · 180
　　03. 나한테는 안 하더니, 서운하네요 · 183
　　04. 그렇구나. 그런데 너는 ~ · 186
　　05. 이것은 내가 더 잘 하잖아 · 192

자녀 · 196

　　01. 나 ~ 못하면 다 엄마 때문이야 · 196

02. 이런 말을 하는 내가 미쳤지 · 200
03. 내가 널 위해서 얼마나 노력했는데 · 203
04. 엄마 말을 들으면 자다가도 떡이 생긴단다 · 207
05. 내가 안 한다고 했잖아 · 210

5. 대처하는 방법

공격자 게이머 대처하는 방법 · 219

01. 공격자의 '공격 패턴' 파악하기 · 219
02. 틈을 보이지 않으며, 단호하게 대응하기 · 221
03. 정중하게, 하지만 명확하게 말하기 · 223

구원자 게이머 대처하는 방법 · 224

01. 구원자의 '구원 패턴' 파악하기 · 225
02. 마음은 고마워, 하지만 괜찮아 · 226

희생자 게이머 대처하는 방법 · 227

01. 희생자의 '희생 패턴' 파악하기 · 228
02. 조언하지 말기 · 229
03. 내가 구원자 게이머가 아닌지 파악하기 · 230
04. 희생자 게이머 스스로 문제를 찾게 하기 · 231

게이머의 인생태도 살펴보기 · 232

상보교류로 말하기 · 233

대화를 적당히 마무리하기 · 240

접촉 줄이기 · 241

어른자아^A 사용하기 · 242

진실이 통한다는 생각을 버리기 · 244

미끼를 물지 않기 · 244

신경 끄기 · 246

인간 관계를 끊기 · 247

6. 내가 게이머라면

자기긍정$^{I'm\ OK}$의 마음으로 바꾸자 · 251

타인긍정$^{You're\ OK}$의 마음으로 바꾸자 · 253

삶의 균형을 만들자 · 254

게이머의 각본을 알자 · 256

낮은 자아의 사용을 피하지 말자 · 257

에필로그 · 260

이상한 대화

이상하게 기분이 나쁘네
아, 근데요
제가 바보 같아서요
고마운지를 몰라
생각 좀 하고 말해야죠
트집잡는 직장 상사

이상하게 기분이 나쁘네

 인생을 살다 보면 다양한 사람들을 만나게 된다. 어떤 사람과는 평생의 친구로 남기도 하지만 어떤 사람과는 완전히 멀어지기도 한다. 나는 좋게 지내려고 했는데 도저히 그렇게 지낼 수 없는 사람들이 있다.
 인간관계가 멀어지게 되는 이유를 보면 각자의 환경이 변하면서 자연스럽게 소원해지기도 하고, 오해가 쌓여 갈등이 생기고 그 갈등을 봉합하지 못해 결국 관계가 차단되기도 한다.
 또 새로운 관계를 만들어 가면서 친구가 되는 사람도 있지만 관계가 끊어지는 사람도 발생한다. '내가 어떻게 다 친하게 지내. 손절하는 사람도 당연히 생길 수 있지'라며 합리화를 시켜 보기도 한다. 물론 그때 '혹시 나한테 문제가 있나'라는 생각도 해 본다. 내가 말한 대화에 대해 고민도 많이 해 보고, 그 대화에 대한 다른 사람의 의견도 들어 본다. 때로는 교육을 통해서 대화의 전문지식을 배워 보기도 하고, 성격을 배움으로 성격과 대화의 관계에 대해서도 공부한다.

그래도 여전히 해결이 되지 않는 대화가 있다. 진정성과 진심이 통하지 않는다. 겉으로는 갈등이 심하게 드러나지 않는 경우도 있지만 그 대화 후에 이상하게 기분이 나쁘거나, 죄책감이 들기도 하고, 뭔가 개운하지 않고 마음 한구석에 걸리는 것이 있다. 그리고 그날 저녁 나누었던 대화를 곱씹어 본다. '아까 그 사람이 한 말은 무슨 뜻이었을까? 아무 의미 없는 말과 행동인데 내가 괜히 예민한 건가'라고 생각하며 최대한 상대의 입장이 되어 본다. 혹시 내가 실수한 게 있었나 나 자신의 행동을 돌아보지만 이유는 모르겠고 뭔가 찜찜한 기분만 한참 맴돈다. 시간이 지나 그 사건이 나의 기억에서 잊혀질 때쯤 그 사건과 동일한 상황이 반복된다면 예전 사건의 기억이 다시 나를 지배하게 된다. 그때서야 상대와 거리를 두게 된다. 혹시 이 책을 읽는 독자도 누군가를 만나 대화를 했을 때 '이상하게 기분이 나쁘네'라는 느낌을 받았다면 이 책은 그것에 대한 해석을 확실하게 도울 것이다. '기분 나쁜 대화', '찜찜한 대화'는 그 종류가 많은데 그 중 몇 가지를 소개한다.

아, 근데요

A와 B는 사회에서 만나 언니, 동생하며 친하게 지내는 사이다. B는 고민이 생기면 사소한 것부터 큰 것까지 자주 A의 의견을 구한다. A는 B가 자신에게 의견을 묻는 것이 내심 좋았고, B와 대화를 나누며 친분을 쌓을 수도 있어 좋았다. 그래서 B에게 전화가 오면 다른 일 다 제쳐 두고 몇 시간씩 통화를 하기도 했다. 하지만 어느 순간부터 B와의 대화가 더 이상 행복하게 느껴지지 않았고, 불쾌한 기분이 들기 시작했다. 이들의 대화를 살펴보자.

B 언니, 나 머리 염색하는 게 낫겠지?
A 음. 염색하면 더 이쁘고 우아하겠다!
B 그럼... 지금 머리 너무 검은색이니까 갈색으로 하는 게 좋겠지?
A 음, 이쁘겠는걸! 연한 갈색 이쁘겠다.
B 음, 근데... 나 눈썹이 검은색이라 머리카락을 갈색으로 하면 안 어울릴 것 같아.
A 아, 그렇겠구나. 그럼 눈썹도 살짝 염색하면 분위기 확 바뀌겠는걸!
B 음, 근데... 눈썹 염색은...좀... 눈동자도 검은색이라...

예전에 미용실 원장님이 안 어울릴거라 했거든.

A 아, 그래? 그럼 안 하는 게 낫겠네!

B 음, 근데... 나이도 있고, 이제 긴 머리는 안 어울릴 것 같아. 자르는 게 좋겠지?

A 야, 그럼 네 마음대로 해. 나 급한 일 있어. 지금 가봐야 해.

A와 B의 대화는 우리 주변에서 매우 많이 벌어진다. 매우 화가 나는 극단적인 상황으로 발전하지는 않지만 왠지 대화가 찜찜하다. 눈치가 있는 사람은 이런 대화의 특징이 뭔지 알아챘을 것이다. "음, 근데..."라는 식의 말로 상대방의 의견을 받아들이지 않고 있다. 어떤 조언을 하더라도 이런 상황은 계속 반복될 것이다. A는 B와 통화하는 시간조차 아깝다고 느끼게 된다. 과연 B는 정말 헤어스타일을 바꾸고 싶은 걸까? B에게 어떤 말을 해 줘야 만족을 할까? 그가 정말로 원하는 대답은 무엇일까?

B는 A에게 조언을 얻고자 질문을 한 것처럼 보이지만 그에게 어떤 의견을 말하더라도 "언니, 고마워. 그렇게 해 봐야 겠다."라는 말은 하지 않을 것이다.

제가 바보 같아서요

새로운 직장에 입사한 A대리는 같은 부서에서 근무하는 B대리와 대화를 나누고 나면 항상 기분이 좋지 않음을 느낀다. 취조를 당한 것처럼 대화가 진행되다가 대화의 끝에는 자신이 나쁜 사람이 되는 것으로 결론이 난다. 항상 B대리가 먼저 말을 건다.

B 대리님, 뭐 하나 여쭤볼 게 있는데요.
A 네, 말씀하세요.
B 대리님, 최근까지 영업 현장에서 일하셨으니까 현업에서 영업하시는 분들 많이 아시겠네요?
A 네, 아는 분들이 좀 있죠.
B 그럼 제가 소개 좀 받을 수 있을까요?
A 좀 찾아봐야 하는데 뭐 때문에 그래요?
B 요즘 시장의 흐름만 파악하면 되거든요.
A 그럼 최근 3개월 전까지 영업하시다가 지금은 다른 일을 하는 분이 계신데 소개시켜 드릴까요?
B 근데요. 그분 지금 영업 안 하시는데 괜찮을까요?
A 그럼 현재 근무 중인 분으로 찾아볼까요?
B 네.

(A가 새로운 사람을 찾은 후)

A 이 분은 영업을 시작한 지 1년 정도 된 분이에요.

B 근데요. 1년 정도 하셨으면 시장의 흐름을 잘 모르지 않을까요?

A (격앙된 목소리로) 대리님. 제가 아까 어떤 내용이 궁금하시냐고 여쭤봤을 때 요즘 시장의 흐름만 알면 된다고 하셔서 이렇게 추천을 해 드렸는데 지난번에도 말씀드렸지만 처음부터 어떤 목적으로 어떤 분을 소개 받고 싶은 건지 명확히 말씀해 주시면 좋을 것 같아요.

B 아... 제가 바보처럼 여쭤봤네요. 죄송합니다.

  사실 이전에도 A대리와 B대리는 비슷한 패턴의 대화를 주고 받았다. A대리는 그때마다 먼저 질문의 의도를 밝혀 달라고 요청했지만 B대리는 말을 빙빙 돌려 질문하고 A대리가 화를 내면 자신을 깎아내리는 말로 A대리를 당황하게 하며 대화를 마무리지었다. B대리는 친절하게 말을 하고 있는 듯 하지만 이것은 친절이 아니다. 그의 대화 특징을 살펴보자.

  첫 번째, 왜 이 일을 요청하는지에 대한 의도를 먼저 밝히지 않는다. 무의식적으로 그런 행동을 하고 있을 가능성이 높다. A대리가 어떤 내용이 궁금하냐고 묻지만 B대리는 분명히 말하지 못한다.

두 번째, 시장의 흐름만 알면 된다고 했지만 반복적으로 "근데요."라고 하면서 A대리의 의견을 부정하고 있다. 그리고 마지막에 A대리가 대화의 의도를 밝혀달라고 하자 자신이 바보처럼 질문했다는 말로 A대리가 더 이상 어떤 말도 하지 못하도록 대화를 마무리한다. 이런 대화는 B대리 자신은 부드럽게 대화를 요청한 사람이고 A대리는 공격적인 대화를 하는 사람으로 만들어 버리는 것이다. 그래서 A대리는 자신이 너무 심하게 말을 한 것 같아 죄책감을 느끼기도 한다. 왜 B대리와 대화만 하면 이런 일이 벌어질까? 도대체 B대리의 의도는 무엇일까?

고마운지를 몰라

항상 이벤트를 만들고, 뭔가 재미있는 일을 잘 만드는 B는 이번에도 새로운 일을 추진한다. B는 주변의 모든 사람들을 자신이 만든 계획에 동참하게 하는 능력이 뛰어난 사람이다. B는 모두를 위해 자신이 할 수 있는 최고의 친절과 서비스로 이벤트를 계획하고, 실행하며, 거기에 사람들을 참여시킨다. 여기까지는 참 좋다. 능력이 많은 사람이라고 할 수 있다. 그런데 그 친절의 끝에는 모두에게 상처를 주는 것이 숨겨져 있었다.

B 내가 이렇게까지 해 줬는데 고마운지를 몰라, 사람들이…
A 아냐. B가 수고한 거 사람들이 다 봤잖아. 고마워한다고. 그걸 다 말로 표현하지 않은 것뿐이야.
B 잘해 줄 필요 없다니까. 항상 나만 고생하잖아.

B는 항상 이런 식으로 대화를 마무리한다. B의 말은 주변 사람들의 귀로 흘러 들어가게 되고, 이후 걷잡을 수 없는 상황이 벌어지기도 한다. B는 주변 사람들에게 공격적인 말을 하거나 함부로 굴다가 결국 자기만의 공간으로 숨어 들어가 한동안 자취를 감춘다.

C 이봐요. B씨. 이게 무슨 말이야? 일은 혼자 벌여 놓고 우리를 왜 이상한 사람을 만들어? 그리고 누가 그렇게 하라고 했어?
B 내가 이럴 줄 알았다니까. 도와줘도 고마운 것을 모르잖아. 당신은 정말 예의가 없어요.
(이후 B는 한동안 보이지 않았다.)

주변 사람들은 B가 어디로 갔는지 이유를 모른다. B가 공격적으로 나올 때에는 속수무책으로 바라볼 수밖에 없었다. B는 습관처럼 이런 상황을 만드는데 결과적으로 자신이 상처받은 사람이 된 것으로 결론 짓는다. 주변 사람들은 잘못한 것 없이 B의 눈치를 볼 수밖에 없다. 이런 일을 자주 겪은 주변 사람들은 B가 새로운 일을 벌일 때마다 이런 생각을 하게 된다. '앗, 조심해야 겠다. 또 시작했어.' B의 친절로 시작되는 이 패턴을 조심해야 한다.

생각 좀 하고 말해야죠

회사 내 단체 톡방에서 벌어지는 대화다. B팀장은 늘 그렇듯 오늘도 직원들에게 이것저것 고민거리들을 투척한다. 그러면서 각각에 대해 어떻게 생각하는지 좋은 해결책이 있으면 얘기해 보라고 직원들을 독려한다.

B팀장 자 여러분 주저하지 말고, 회사에 대해 건의할 사항이 있으면 다들 얘기해 보세요.
나머지 …………

(단체 톡 방에서의 침묵은 한동안 지속된다. 숨이 막힐 때쯤 직원 K가 용기를 내 안건을 올린다)
K직원 팀장님, 직원들 복지 차원에서 OO비용은 회사에서 일부 지원해 주셨으면 좋겠습니다.
B팀장 글쎄요. 그게 될까? 가능할 것 같아요?
나머지 ....
B팀장 생각을 좀 하고 말해야죠.
나머지 ....

B팀장은 이런 대화를 항상 반복한다. 직원들은 그에게 하고 싶은 말이 있어도 입을 꾸욱 닫게 된다. 그래서 단체 톡방은 언제나 B팀장의 독백으로 글이 채워진다. 답이 항상 정해져 있음을 암묵적으로 모두가 알고 있는 것이다. B팀장은 호응이 없는 직원들의 반응에 대해 그것은 회사를 생각하지 않는 모습이라고 질책을 한다. 그러면서 자신이 먼저 변화를 하겠다고 각자 의견을 편하게 말하라고 한다. 그러면 순진한 직원이 의견을 올리는데 예상대로 그를 생각이 없는 사람으로 만들어 버린다. 직원들은 단체 톡방에서 나가고 싶지만 어떤 비판을 듣게 될지 몰라 나가지도 못한다. B팀장은 도대체 무엇을 원하는 것일까? 차라리 건의를 하라고 하지 말던가. B팀장은 좋은 의견을 받고자 이 말을 꺼낸 것이 아니다.

트집잡는 직장 상사

A는 자녀의 초등학교 입학을 앞두고 출근 시간을 한 달간 9시 20분으로 한다는 결의서를 회사에 제출했다. 직장 상사 B는 본체만체하였지만 A는 당연히 결의서가 통과된 줄 알고 9시20분에 출근을 했다. B는 A가 많이 늦었다며 온갖 트집을 잡기 시작했다. A는 결의서에 대해서 이야기를 했지만 B는 결의서를 본 적이 없다며 A에게 호통을 쳤다. 이것을 계기로 B는 사사건건 A가 하는 모든 일을 트집잡기 시작했다. 보고서를 제출해도 결제가 나지 않고, 인사를 해도 받지 않는 등 무시하는 일이 다반사였다. 그 이후로 A는 다른 상사에게 상담을 요청하였고, 지금까지 B와의 관계가 꼬인 채 회사를 다니고 있지만, 이직을 계속 알아보고 있는 중이다.

직장 상사 B는 왜 A가 하는 일을 못마땅하게 생각할까? A는 이직을 하는 것 외에 다른 방법은 없을까?

앞에 살펴본 사례들처럼 대화하고 나면 항상 기분을 나쁘게 만드는 B와 같은 사람들이 있다. 헷갈리지 않게 하기 위해서 여기에서는 이상한 대화의 주인공을 다 B로 통일했다. 독자 여러분도 이런 사람들을 만나 본 적이 있을 것이다. 또는 지금도 이런 사람들 때문에 기분이 나쁜 상태일 수도 있다.

　당신의 성격이 착하고, 남을 비판하지 못하고, 분석적으로 상황을 파악하지 못한다고 가정을 해 보자. 그러면 이런 대화의 원인을 아무런 잘못 없는 자신에게서 찾게 될 수도 있다. 여전히 이상한 대화를 하는 사람들을 또 만나며, 당신의 기분 상태는 항상 짜증과 좌절로 유지될 것이다. 결론을 미리 말하면, 이런 대화의 원인은 100% B에게 있다. 그런 B를 만나면 누구라도 동일하게 당하게 된다. 하지만 이 책을 다 읽은 후에는 그런 B로부터 동일한 기분을 느끼지 않게 될 것이다. 또한 당신의 모임에 누가 B와 같이 이상한 대화를 하는 사람인지 알아볼 수 있게 될 것이다.

　이상한 대화를 하는 '게이머'가 어떤 식으로 대화를 하는지 몇몇 사례를 살펴보았다. 이 외에도 게이머들이 주로 하는 말이 있는데 다음과 같다.

▸왜 내 주변엔 이렇게 나쁜 사람들이 많지?

▸난 진짜 제대로 하는 게 거의 없어. 세상 살기 진짜 힘들다.

▸당신 때문이야. 당신을 위해 다 이렇게 한 거잖아.

▸왜 내가 만나는 사람들은 다 나에게 상처를 주지?

▸내가 이렇게까지 해 줬는데 사람들은 고마운 지를 몰라.

▸저 사람 저럴 줄 알았어. 역시 내가 직접 다 해야 한다니까.

▸저 못 하겠어요. 마음이 불편해요. 저에게 시키지 마세요.

▸난 얼굴만 보면 다 안다니까. 저 사람은 배신할 사람이야.

▸저를 이상하게 보지 않았어요? 저에게 왜 그러세요? 원래 이런 분이었어요?

▸저는 그냥 도와드리려고 한 건데 이렇게 될 줄 몰랐어요.

지금까지 살면서 위의 말들을 들어본 적이 있을 것이다. 너무 극단적인 표현이라고 생각한다면 당신은 지금까지 좋은 사람들만 만난 극소수의 사람이라고 할 수 있다. 하지만 좋아할 것은 아니다. 분명 앞으로 저런 말을 하는 사람들을 만나게 될 것이기 때문이다.

'돌아이 질량 보존의 법칙'이라는 표현을 들어 본 적이 있는가? 여기에서 말하는 '돌아이'가 이상한 대화를 하는 '게이머'다. 어디에 가더라도 꼭 이런 사람들을 만나게 되니 '보존 법칙'이라고 표현한 것이다.

그리고 혹시 이 책을 읽는 독자가 게이머라면 지금이 매우 좋은 기회라고 생각하자. 자신에게 붙은 '이상한'이라는 수식어를 뗄 수 있는 기회이기 때문이다. 자신의 이상한 대화 패턴을 발견해 고치는 것은 축복이다. 게이머는 자신에게 이상함을 전혀 느끼지 못한다.

그래서 무의식적으로 심리게임을 진행하며 평생 '이상한 사람'으로 살아간다.

2

심리게임

심리게임
미끼, 약점, 반응
전환
혼란, 보상
심리게임의 이름
에릭 번
PAC
인생태도
오염
아이 자아^C 사용하기
조정력
스트로크
시간구조화
긍정스트로크 채우기
나에게만 게이머?
내가 게이머?

심리게임

 '심리게임'은 이 책을 통해서 가장 많이 듣게 되는 단어일 것이다. 그리고 눈치를 챈 사람이라면 여기에서 말하는 '심리게임'은 절대로 재미있지 않다는 것을 알 수 있다.

 심리게임을 간단히 말하면, '인간관계에서 벌어지는 나쁜 말 습관'이라고 할 수 있다. 나쁜 말, 즉 상대를 기분 나쁘게 만드는 대화다. 이미 1장에서 이런 대화의 몇몇 사례들을 살펴 보았다. 게이머를 만나게 되면 우리는 "저 사람은 매번 저런 식으로 대화를 해."라고 말을 하게 되는데, 그것은 그들이 반복적으로 그 대화법을 사용하기 때문이다. '반복적'이라는 것은 그 안에 일정한 규칙이 있다는 것이다. 에릭번$^{\text{Eric Berne}}$은 그 규칙을 발견했는데 다음과 같다.

미끼 + 약점 = 반응 → 전환 → 혼란 → 보상

게이머는 먼저 상대에게 '미끼'를 던진다. 상대는 그 미끼에 해당하는 말을 듣고 '반응'을 보인다. 그리고 대화가 진행되는 가운데 게이머가 갑자기 '전환'을 해 버린다. 그러면 상대는 '혼란'에 빠지게 되고, 게이머와 상대 둘 다 '보상'을 받고 대화는 끝나게 된다. 각 내용에 대한 자세한 내용을 알아보자.

미끼, 약점, 반응

환자 제가 나아질 거라고 생각하세요, 선생님?
의사 네. 그럼요.

(의사는 질문을 하며 상담을 한다. 그때 환자가 이상한 반응을 보인다)
환자 무슨 근거로 나를 다 안다고 생각하시죠?
의사 네? 제가 뭘?
(의사는 환자가 왜 저렇게 반응을 보이는지 몰라 혼란에 빠진다.)

심리게임의 공식을 보면 게이머는 미끼를 던지는 것

에서부터 시작한다. 위 대화에서 미끼는 "제가 나아질 거라고 생각하세요, 선생님?"이다. 심리게임에 말려들지 않기 위해서는 게이머가 던지는 미끼를 물지 않으면 된다. 하지만 게이머는 상대가 물지 않을 미끼를 던지지 않는다. 게이머의 심리게임 성공률이 99%인 것을 보면 그들은 상대방의 약점을 찾아 그에 맞는 미끼를 던진다. 의사는 환자를 치료해 줘야 하는 직업인이기 때문에 이것이 그에게는 저 미끼를 물 수밖에 없는 약점이 된다. 게이머로부터 나를 보호하기 위해서는 게이머가 던지는 미끼를 알아보는 능력이 필요하다. 그것을 알게 되면 앞으로 그들이 던지는 미끼를 물지 않을 수 있다. 게이머의 미끼를 알면 그것이 더 이상 나에게 약점이 되지 않는 것이다. 의사는 "네. 그럼요."라고 반응을 보였다. 게이머는 미끼를 물고 반응을 보이는 자에게 곧바로 전환을 사용한다.

전환

공식에서 가장 중요한 부분은 '전환'이다. 위 대화에서 전환은 "무슨 근거로 나를 다 안다고 생각하시죠?"이다. 게이머가 전환을 사용하면 상대는 여기에서부터 이해가 되지 않기 시작한다. 오직 게이머만이 전환을 사용하고 이것을 위해 앞서 미끼를 던진 것이다. 전환을 통해 게이머는 상대를 이상한 사람으로 만들어 버린다. 게이머가 왜 전환을 사용하는지에 대해서는 뒤에서 설명할 '스트로크'를 통해 이해를 할 수 있다. 여기에서는 전환을 '상황에 맞지 않는 이상한 발언' 정도로만 정리를 해 두자.

혼란, 보상

게이머의 '전환'에 해당하는 말을 들으면 상대는 '혼란'에 빠질 수밖에 없다. 왜냐하면 게이머의 발언을 도대체 이해할 수 없기 때문이다. 혼란과 함께 보상 또한 동시에 이루어진다. 게이머는 자신이 원하는 보상을 얻는데 그것이 바로 '스트로크'다. 그렇다면 게임을 당한 사람은 어떤 보상을 받게 될까? 그것은 '불쾌감'이다. 물론 좋지 않은 보상이다. 게이머는 스트로크라고 하는 보상을 얻기 위해서 상대에게 불쾌감을 던져 주는 것이다.

그렇다면 에릭 번은 왜 이런 대화의 이름을 '심리게

임'이라고 했을까? '게임'이라는 단어가 들어가 있어 재미있는 것이 아닌가 오해를 하는 사람들도 있다. 그것은 게임(심리게임이 아닌 재미있는 게임)의 규칙과 동일하게 심리게임(게임이란 단어와 헷갈릴 수 있어서 이 책에서는 '심리게임'을 줄여 '게임'으로 표현하지 않음)이 벌어지기 때문이다. '게임'은 상황이 바뀌고 상대가 변하더라도 동일한 규칙으로 진행이 된다. 이와 같이 '심리게임'도 앞에서 소개한 공식처럼 규칙대로 이루어지기 때문에 에릭 번은 '게임'이라는 단어를 붙인 것이다.

심리게임 중에 「음, 근데」 게임이라는 것이 있다. 이 심리게임의 게이머는 "음, 근데..."라고 말을 하며 상대방의 의견을 받아들이지 않는다. 어느 곳을 가든 만나는 사람들에게 동일한 「음, 근데」 게임을 사용하며 상대방의 의견을 듣지 않는다. 게이머가 모든 종류의 심리게임을 골고루 사용하는 것은 아니다. 게이머마다 주로 사용하는 심리게임이 있는데 그것은 게이머의 'PAC'와 '인생태도'에 의해서 결정된다. 나의 PAC와 인생태도를 알면 내가 게이머인지, 만약 게이머라면 주로 어떤 심리게임을 사용하고 있는지 예측할 수 있다.

심리게임의 이름

심리게임은 공식에 따라 대화가 진행되며, 게이머는 그 대화를 반복적으로 한다. 즉, 반복적으로 사람들을 기분 나쁘게 하는 것이다. 심리게임의 이름을 보면 그 반복되는 말을 그대로 사용한 것이 많다. 대표적인 심리게임의 이름을 보자.

- 「제발 내가 문제라고 말해」
- 「음, 근데」
- 「너만 그러지 않았다면」
- 「너 때문에 이렇게 됐어」
- 「내가 안 하면 누가 해」
- 「널 도우려고 했을 뿐이야」
- 「전 그냥 도와드리려는 것뿐입니다」

제목만 봐도 어떤 말을 할지 예상이 될 것이다. 그리고 주변에 이런 말을 반복적으로 사용하는 지인이 있다면 그 사람을 게이머라고 판단해도 좋다.

에릭 번

에릭 번Eric Berne, 1910.5.10 ~ 1970.7.15은 누구인가? 교류분석이라는 이론을 만든 사람이다. 교류분석에서 다루는 모든 내용을 에릭 번이 다 만든 것은 아니다. 심리게임을 설명하기 위해 필요한 이론들은 다른 학자들의 것을 활용했다. 대표적인 것이 PAC이다. 이 내용은 PAC를 설명할 때 자세히 소개하겠다.

에릭 번

미국의 정신의학자인 에릭 번은 교류분석 이론을 처음으로 고안한 사람이다. 캐나다 몬트리올에서 태어났으며, 원래 이름은 에릭 번스타인Eric Bernestein이었으나, 33세에 개명을 했다. 그는 23세에 몬트리올에 있는 맥길대학교에서 의학을 전공하고 이후 예일대학교에서 정신분석을 공부하기 시작했다. 제2차 세계대전 발발 후에는 미 육군 정신과 군의관으로 복무했으며, 전역 후에는 샌프란시스코 정신분석 연구소에서 에릭 에릭슨Erik Erikson의 지도를 받았다. 30세가 되었을 때에는 정신분석에 환멸을 느끼기도 했다. 십 년간의 연구 후에 '교류 분석 이론'을 완성했고, 국제교류분석협회를 설립하기도 했다. 그는 1964년에 《심리 게임》을 출간했는데, 그 책은 예상 외로 베스트셀러가 되었다. 1970년 그의 나이 60세에 심장마비로 사망했다.

그는 생전에 《심리 게임》[Game People Play, 1964]과 《각본 분석》[What do you say after you say hello?, 1975]을 썼으며, 사후에는 《게임과 각본을 넘어서》[Beyond Games and Scripts, 1970]이 출간되었다.

PAC

PAC는 parents의 P, adult의 A, child의 C를 표현한 것으로 사람의 자아상태를 보여준다. 아래 검사지[1]를 통해서 부모 자아, 어른 자아, 아이 자아가 어떻게 되는지를 파악할 수 있다.

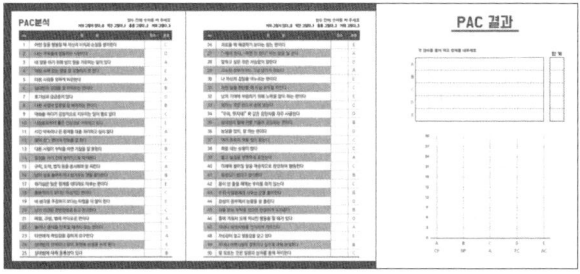

1 http://opraseno.com/361/?idx=16

P는 CP^{critical parents, 비판적 부모}와 NP^{nurtural parents, 양육적 부모} 두 가지로 나뉜다. CP가 높은 사람은 비판을 잘하고, NP가 높은 사람은 양육을 잘 한다. 둘 다 부모에게 필요한 자질이며, 어느 한 쪽이 더 좋고 나쁘거나 한 것은 아니다.

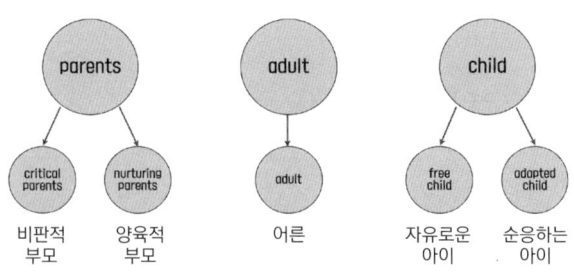

A는 어른의 자아상태를 말하는 것으로, 논리적·이성적인 것을 의미한다. 어른인데 A가 낮다면 어른으로서의 모습보다는 아이의 모습을 보일 가능성이 크다. 성인에게 A의 발달은 매우 중요하다.

C는 FC^{free child, 자유로운 아이}와 AC^{adapted child, 순응하는 아이}로 나눌 수 있다. FC가 높으면 자유롭게 자기 뜻대로 하는 모습이 강할 수 있고, AC가 높으면 순응하는 모습이 강하기 때문에 복종적이라고 할 수 있다. 이 두 가지 C

도 어느 쪽이 더 낫거나 한 것은 아니다. 이 책을 읽는 독자는 성인일 것이다. 아이가 아니더라도 우리 안에 있는 아이의 모습을 확인할 수 있다. FC를 많이 쓰는 성인은 사회적인 규율을 잘 지키지 않고 제멋대로 행동하는 사람으로 보일 수 있다. 그가 만약 한 집안의 가장이라면 그 책임을 다 하지 않고 여전히 결혼 전의 자유로운 모습을 행할 수 있다. AC가 높으면 자신감이 약해 어떤 일을 할 때마다 매우 불안한 모습을 보여줄 수 있지만, 돌발적인 행동을 하는 경우는 매우 드물다.

PAC의 다섯 가지, CP·NP·A·FC·AC를 성격 파악의 도구로 사용할 수도 있다. 하지만 교류분석, 즉 대화를 분석할 때에는 그렇게 사용하지 않는다. 다섯 가지 중에서 높게 나오는 것이 있고 낮게 나오는 것이 있을 것이다. 어떻게 수치가 나오더라도 각 자아가 필요한 상황에서 적절하게 사용을 한다면 문제가 되지 않는다. 비판을 해야 할 상황에서는 CP$^{비판적\ 부모}$를, 힘들어하는 사람을 챙겨줄 때에는 NP$^{양육적\ 부모}$를, 객관적으로 분석을 할 때에는 A^{어른}를, 즐겁게 대화를 할 때에는 FC$^{자유로운\ 아이}$를, 지시를 따를 때에는 AC$^{순응하는\ 아이}$를 쓰면 된다. 특정 자아가 낮을지라도 그것이 필요한 상황에서 적절히 사용하는 것이 중요하다. 하지만 현실적으로 그것이 쉽지 않다. 자신에게 부족한 것을 억지로 끌어다 쓰는 것은 확실히 어렵다. 그래서 높게 나온 자아를 반복적으로 사용하며, 낮은 자아를 써야 하는 상황에서는 그것을 거부하게 된다. 바로 이때 심리게임을 하게 된다. 그 대표적인 사례를 하나 소개하려고 한다.

다음은 어느 부부의 이야기다. 아내 S는 대학 동기들과의 모임이 예정되어 있었다. 모두 여자 동기들로 구성되어 있는데, 이번에는 남편들까지 함께 참여하기로 계획을 했다. 하지만 S의 남편은 이런 모임에 참여하는 것을 좋아하지 않는다. 아내는 남편의 이런 성격을 알고 한참 전에 미리 이 모임에 가야 하는 것을 남편에게 알렸다. 남편은 어떤 거부 의사를 표현하지 않았기 때문에 아내는 당연히 남편이 참여하는 것으로 생각했다. 부부 동반 모임 전날에도 아내는 남편에게 내일 모임에 대해 다시 언질을 주었다. 그런데 남편의 반응이 뾰로통한 것이 아닌가.

모임에 가기 1시간 전, 남편은 준비를 하지 않는다. 아내는 점점 불안감을 느껴 "내가 저번에 미리 이야기했잖아? 오늘은 동기들도 다 남편을 데리고 온다고. 빨리 준비해서 다녀오자."라고 조심스럽게 말을 꺼냈다. 그런데 갑자기 남편은 "넌 항상 너 마음대로 일정을 잡냐? 이런 적이 한두 번이 아니잖아? 그리고 집안 지저분한 것좀 봐봐. 청소는 하지 않고 모임에 가는 것은 적극적이네?"라며 불만을 쏟아냈다. 아내는 아내대로 기분이 상해서 더 이상 남편에게 같이 가자고 하지 않고 혼자 나가 버렸다.

남편은 왜 이런 대화를 한 것일까? 남편의 말을 통해 예상되는 PAC 결과가 있다. 아마도 NP$^{양육적\ 부모}$와 FC$^{자유로운\ 아이}$가 낮을 것이다. 아래의 그래프를 보자.

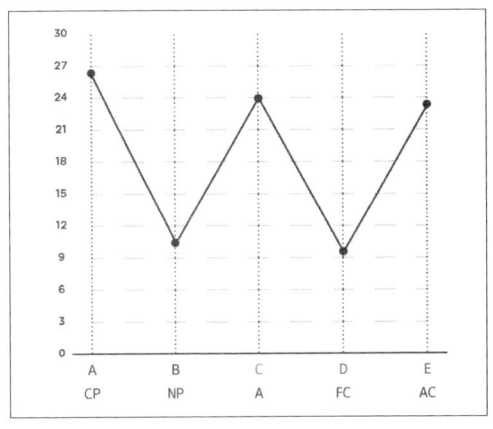

남편의 NP와 FC가 낮다는 것은 양육적인 부모의 모습을 보여주기 힘들고, 자유롭게 대화하며 노는 것도 쉽지 않은 사람이라는 것을 알 수 있다. 이런 남편에게 아내가 함께 가자고 한 부부 동반 모임은 매우 불편한 약속임이 분명하다. 그래서 남편은 NP$^{양육적\ 부모}$와 FC^{자유}

로운 아이를 사용해야 하는 모임에서는 위의 사례처럼 아내를 황당하게 만드는 대화를 하게 된다.

이런 경우 남편은 사실대로 자신의 속마음을 이야기할 수도 있다. "나 사실 이런 모임에 가는 것이 좀 불편해. 내 성격 상 처음 보는 사람들과 함께 대화하는 것이 불편하고 너무 어색해. 그래서 가고 싶지 않아. 안 가면 안 될까?" 이렇게 솔직하게 말을 하면 좋겠지만 남편의 반응은 이렇지 않았다. NP와 FC를 사용하지 않기 위해 그 모임에 가지 않을 기회를 만든다. 어떻게 해서든 아내와 말싸움을 해서 안 좋은 관계를 만들고, 그것을 명분 삼아 결국 가지 않는 것이다. 이 방법이 효과적이기 위해서는 아내와의 말싸움이 모임에 가기 바로 직전에 이루어져야 한다. 불쾌한 감정이 유지되는 상태에서 가지 않을 수 있기 때문이다.

남편은 말도 안 되는 이유로 꼬투리를 잡아 결국 아내와 싸웠고 관계가 안 좋아졌다. 이것은 남편의 승리를 의미한다. 게이머는 관계가 어떻게 되든지 심리게임을 승리로 이끄는 것이 중요하다. 남편은 자신에게 부족한 NP와 FC의 사용을 피하기 위해 이렇게 한 것을 전혀 모른다. 왜냐하면 모든 심리게임은 무의식적으로 이루어지기 때문이다.

심리게임과 PAC와의 관계를 통해 우리는 자신의 심

리게임 사용을 예측할 수 있다. 각자 PAC 검사를 해보면 높거나 낮게 도출되는 자아가 무엇인지 확인할 수 있다. 자신의 심리게임 사용의 힌트가 그 안에 들어 있다.

인생태도

누구나 인생에 대한 자신만의 태도를 가지고 있다. 그 태도는 사람마다 약간씩 다르다. 일상에서 우리는 어떤 사람에 대해 다음과 같은 평가를 한다.

"저 사람은 매우 긍정적이네. 대화를 하면 기분이 좋아. 그게 저 사람의 매력인 것 같아."
"저 사람은 항상 부정적이야. 저 사람과 이야기하지 마. 좋은 소리 못 듣는다고."

이것은 그 사람의 인생에 대한 태도를 평가하는 말이라고 할 수 있다. 에릭 번은 이런 인생태도를 크게 네 가지로 나누어 설명하고 있다.

1. **자기긍정 / 타인긍정** I'm OK / You're OK
2. **자기긍정 / 타인부정** I'm OK / You're not OK
3. **자기부정 / 타인긍정** I'm not OK / You're OK
4. **자기부정 / 타인부정** I'm not OK / You're not OK

자신에 대해서 긍정인지 부정인지, 또는 타인에 대해서 긍정인지 부정인지에 따라 네 가지로 분류가 된다. 여기에서 주목할 점은 '부정'[not OK], 즉 자신과 타인에 대해서 부정적으로 생각하는 점이다. 1번은 자기와 타인 모두에게 긍정인 사람이지만 2번은 타인에 대해서 부정이고, 3번은 자기에 대해서 부정인 사람이다. 4번은 자기와 타인 모두를 부정하는 사람으로 매우 위험한 인생태도를 가지고 있다.

인생태도를 진단하는 검사[2]도 있다. 이 검사를 통해 자신의 긍정[OK]과 부정[not OK]이 어느 정도에 해당하는지를 알 수 있다.

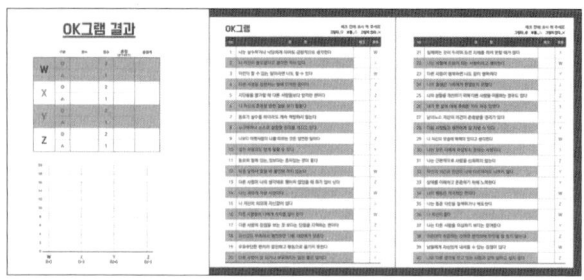

---

2 http://opraseno.com/361/?idx=16

1. 자기부정

자기부정$^{I'm\ not\ OK}$은 자신에 대해서 부정적인 태도를 갖고 있다는 것을 의미한다. 그래서 "저 못하겠어요."와 같은 표현을 많이 사용한다. 이들은 어떤 일에 대해서 웬만하면 못하겠다고 말을 한다. 실제로는 할 수 있지만 마음에서부터 할 수 없다고 결정을 했기 때문에 절대로 하려고 하지 않는다. 그래서 자신감이 없어 보이며 두려움도 많고 도전도 하지 않는다. 더 나아가 자신을 낮추거나 자아비판도 곧잘 한다. 그렇지 않다고 이야기를 해 줘도 계속 부정한다. 다음의 대화 내용을 보자.

유리 오빠, 지난 번에 내가 말한 미영이라는 애 있잖아. 걔 오늘 오랜만에 만났는데 세상에 얼굴을 싹 다 고치고 너무 예뻐졌어.

수호 그래? 사진 있어? 어디 한번 보자.

유리 메신저에 사진 있을텐데... 여기 있다. 이 아이거든, 엄청 예쁘지?

수호 에이 하나도 안 예쁘구만! 자기가 훨씬 예쁘다. 진짜야!

유리 아니야, 나는 눈도 작고 코도 낮고, 예쁜 구석이 하나도 없는 걸.

수호 자기야, 자기가 얼마나 예쁜데! 본인이 왜 인정을 안

해? 자신감을 가지라고.

유리 아니야. 오빠 눈에만 그런거지 다른 사람들은 미영이가 훨씬 예쁘다고 생각할거야. 오빠, 애써 그렇게 말할 필요 없어. 난 괜찮아.

수호 ...

보통의 경우는 주변 사람들의 칭찬을 원하는 게 정상이다. 그러나 유리는 자신이 예쁘지 않다고 스스로 주장을 하며 수호가 그렇게 인정해 주기를 강요하고 있다. 자신을 스스로 안 좋게 평가하는 자기부정$^{\text{I'm not OK}}$의 인생태도가 있으면 이런 말을 하게 된다는 점을 기억하자. 위 대화는 연인 관계에서 종종 볼 수 있다. 그 이유는 게이머가 연인 관계일 때 이 심리게임을 사용하는 것이 쉽기 때문이다. 우리는 보통 이런 사람에 대해 '자존감이 떨어지는 사람'이라고 말을 한다. 맞는 말이다. 그리고 이 사람에게 용기와 희망을 주기 위해서 조언을 하게 된다. 하지만 금새 조언한 것을 후회하게 되는 기가 막힌 결과가 벌어진다. 왜냐하면 이 게이머는 자신이 못생겼다는 답변을 들어야 심리게임을 성공시킬 수 있기 때문이다. 그는 위로를 듣고 기분 전환을 하는 것이 목적이 아니다. 대부분의 사람들은 유리가 수호로부터 위로를 듣고 싶어서 이야기를 꺼냈다고 생각한다. 물론 위로가 필요해서 이야기를 꺼낸 사람도 있다. 만약 그런 사람이라면 위로를 듣고 낮아진 자존감을 다시 높일 것이다. 하지만 게이머는 그렇게 되지 않는다. 게이머에게 조언하는 것을 주의하자.

심리게임은 인생태도에서 부정하는 그 대상이 누구냐에 따라 사용이 변경된다. 그것이 '나'라면 그에 해당하는 심리게임을 사용하는데, 대표적인 심리게임은 「제발 내가 문제라고 말해」 게임이다. 이 게임의 경우 대화를 하고 있는 상대로 하여금 자신이 문제가 있음을 느끼게 만들고 "내가 문제지?"라는 질문을 던져 상대방이 "넌 그게 문제야."라는 말을 이끌어 낸다. 또한 어떤 문제가 터졌을 때 그 원인이 타인에게 있을 수도 있는데 항상 자신에게 원인이 있다고 말한다. 「내가 더 잘 했어야 했는데」 게임도 이런 인생태도에서 나타나는 심리게임이다. 타인에 대해서는 긍정이지만 자신에 대해서는 부정하고 있음을 알 수 있다. 이들에게 문제의 원인을 찾는 것은 중요하지 않다. 심리게임을 해서 승리를 하는 것이 중요하다.

2. 타인부정

타인부정$^{\text{You're not OK}}$은 타인에 대해서 부정적인 시각을 갖고 있음을 의미한다. 이들의 대표적인 반응은 타인을 인정하지 않는 것이다. 타인과 대화를 하고 토론을 하는 것처럼 보이지만 결국 자신의 생각만 주장하는 사람들이 이에 해당된다. 다음의 대화를 살펴보자.

채연 나 며칠 전에 소개팅했다고 했잖아. 짧은 시간이었지만 그 사람도 나를 마음에 들어하는 눈치였거든. 그런데 연락이 없네.
수아 마음에 들어하는 걸 느꼈으면 그 느낌이 맞을 거야. 네가 먼저 연락해 봐.
채연 음, 근데 내가 먼저 연락하면 좀 그렇지 않나? 그래도 연락은 남자가 먼저 하는 게 맞는 것 같은데.
수아 요즘 세상에 그런 게 어딨어. 마음에 드는 사람이라고 생각되면 빨리 연락해야 해.
채연 음, 근데 내가 막상 연락하려고 하니... 그가 마음에 들지 않는다고 하면 어떡하지? 그러면 나 너무 상처받을 것 같은데.
수아 그냥 네가 알아서 해.

채연은 겉으로는 수아에게 고민상담을 하고 있지만, 수아의 의견을 조금이라도 실행할 마음이 없다. 수아가 하는 말마다 '음, 근데'로 시작하는 말로 안 되는 이유를 가져다 대기 바쁘다. 채연이 원하는 대답은 "전화하지마! 그 사람이 너를 좋아했다면 바로 다시 만나자고 이야기를 했겠지. 아직까지도 연락이 없는 걸 보면 널 마음에 안 들어 하는 게 분명해."일까? 그렇지 않다. 채연은 그저 상대인 수아의 말을 거절하는 것뿐이다. 의견이 좋냐 그렇지 않냐는 중요하지 않다. 의견을 거절하기 위해서는 의견을 물어야 하고 그 질문의 좋은 소재는 최근에 한 소개팅인 것이다.

채연의 이런 말 습관을 아는 친구들은 그녀에게 조언을 하지 않을 것이다. 그래서 채연은 수아처럼 이야기를 잘 들어주는 친구에게 접근해 이런 심리게임을 시도한다. 이 심리게임의 이름은 앞에서도 언급했던 「음, 근데」게임이다. 그렇다고 채연이 모든 사람의 조언을 듣지 않는 것은 아니다. 사람마다 자신이 부정$^{not\ OK}$할 대상자로 정해 놓은 타인^{You}이 있다. 즉, 타인부정$^{You're\ not\ OK}$에서 타인^{You}은 모든 타인을 의미하는 것은 아니라, 각 사람마다 자신이 부정하는 특정인이 있는 것이다. 그 대표적인 타인^{You}을 살펴보자.

1. **성별** "여자는 안 돼."
2. **인종과 국가** "저 나라 사람들은 안 된다니까."
3. **지역** "OO지역 사람들은 안 돼. 믿을 수 없어."
4. **성씨** "O씨 고집 몰라?"

네 개 정도만 적어 보았다. 위 네 개 외에도 훨씬 많다. 부정하는 타인^{You}이 어떻게 되느냐에 따라 그 타인^{You}에 대한 편견이 결정된다. 이들의 편견은 쉽게 고쳐지지 않는다. 이들은 이런 편견을 삶의 지혜로 생각하여 "내가 지금까지 얼마나 많은 사람들을 만나봤는데 모르겠어? 넌 아직 세상을 몰라."와 같은 말을 하기도 한다.

인생태도에 문제가 없는 사람들은 자신과 타인에 대해서 왜곡된 시각을 갖고 있지 않다. 자신이 뭔가를 할 수 있고, 타인이 나보다 더 좋은 능력을 갖고 있을 수 있다는 것을 인정한다. 하지만 타인부정$^{You're\ not\ OK}$인 사람에게는 어떤 이야기를 진지하고 성의있게 말하더라도 벽에다 이야기하는 느낌을 받을 것이다.

부정하는 대상이 직장 내 팀원이라면 「음, 근데」 게임이나 「이 자식 잘 걸렸어」 게임을 쓸 가능성이 크다. 「음, 근데」 게임은 타인의 말을 듣지 않고 자신의 의견만 고집하는 게임이다. 「이 자식 잘 걸렸어」 게임은 상대를 맹비난하는 게임이다. 후자의 게임이 상대에게 훨씬 더 큰 불쾌감을 주는데 그 이유는「이 자식 잘 걸렸어」게이머의 CP[비판적 부모]가 훨씬 높기 때문이다. 타인부정[You're not OK]이지만 CP가 높지 않다면「음, 근데」게임 정도만 사용할 가능성이 크다.

3. 자기부정, 타인부정

가장 위험한 사람은 자기부정[I'm not OK]과 타인부정[You're not OK] 모두를 갖고 있는 사람이다. 다음 그래프는 이에 해당하는 결과를 보여 준다.

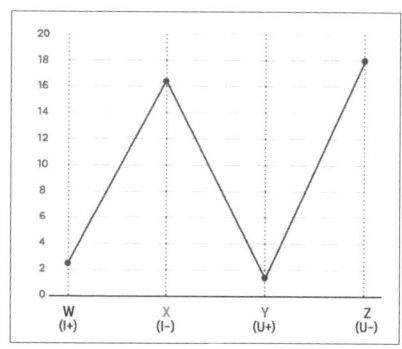

이런 사람이 많지는 않겠지만 없는 것은 아니며, 이

런 사람을 겪게 되면 매우 불쾌한 기분에 휩싸일 수 있다. 그와의 대화를 통해 고민하고 속앓이를 할 필요는 없다. 교류분석에서는 이런 사람에 대해 "그냥 내버려 둬라."라는 해결책을 제시한다. 오해를 풀려고 더 이야기를 해 봤자 좋아질 것이 없다는 말이다. 부정$^{\text{not OK}}$을 갖고 있는 사람에게 긍정^{OK}의 관점으로 이야기를 하는 것 자체가 무의미한 것이다. 이들은 매우 심각한 우울증의 모습을 보이거나 망상에 빠져 타인을 가해자로 만들기도 한다. 게이머는 "제가 문제인가요?"라고 말하며 자신에게는 문제가 없음을 강조하기도 한다. 하지만 이런 질문에 어떤 답변을 해서도 안 된다. 그 답변을 타고 공격이 들어올 수 있기 때문이다.

PAC와 인생태도가 심리게임에 어떻게 영향을 주는지 살펴보았다. 이 두 가지는 각각 분리된 이론이지만 서로 관련이 있다. 앞에서도 언급했듯이 타인부정$^{\text{You're not OK}}$인 사람은 CP$^{\text{비판적 부모}}$의 영향에 따라 「이 자식 잘 걸렸어」 게임과 「음, 근데」 게임을 하는 사람으로 각각 나뉜다. 즉, 자기부정$^{\text{I'm not OK}}$과 타인부정$^{\text{You're not OK}}$ 중 어떤 태도를 가졌는지, 그리고 CP와 NP 중 무엇의 사용 수치가 높은지에 따라서 사용하는 심리게임이 달라질 수 있다는 것이다.

여기에서 궁금한 점이 생길 수 있다. CP와 NP의 사용은 알겠는데 A, FC, AC의 사용은 어떤 영향을 미치는지에 대한 점이다. 먼저 A를 사용할 때 벌어질 수 있는 '오염'에 대해서 설명하고자 한다.

오염

오염은 A^{어른}의 사용에 문제가 생기도록 만든다. A는 객관적이고 논리적인 판단을 하게 해 주는 것인데, 다른 것에 의해 오염이 된다면 그 판단에 어떤 문제가 발생한다. 당연히 대화의 내용에도 문제가 나타나게 된다. A의 양 옆에는 P$^{parent, 부모}$와 C$^{child, 아이}$가 있다. 먼저 P가 A를 오염시킨 것부터 살펴보자.

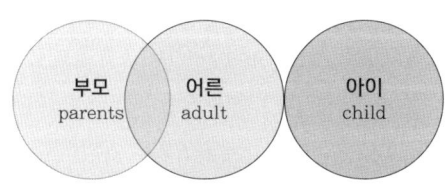

P가 A를 오염
위 도형을 보면 P가 A를 침범했고 그 결과 A가 필요한 상황에서 P를 사용하게 된다. 그래서 이들의 말은 객관적이지 않고 CP와 NP의 판단이 들어간 대화가 된다. CP가 A를 오염시키면 다음과 같은 비판하는 말을 주로 하게 된다.

"아내는 남편에게 아침 밥은 꼭 해 줘야 합니다. 그게 아내로서 해야 할 일이에요. 요즘 세상이 너무 변질되어서 여자들이 여자로서의 의무를 하려고 하지 않아요. 그것은 신의 섭리를 거역하는 것입니다. 말세에요."

위의 말은 마치 아내의 의무에 대해 매우 객관적으로 용기 내서 말한 것처럼 보이지만, 사실은 전혀 그렇지 않다. 마치 부모가 자녀를 훈계하듯이 비판하는 내용일 뿐이며, 말하는 사람 본인의 지극히 주관적인 주장이다. 이런 말을 하는 이유는 CP가 A를 오염시켜 A의 사용에 문제가 생겼기 때문이다.

이번에는 NP가 A를 오염시킨 말을 살펴보자.

"배가 아파? 엄마가 내일 내려갈 게. 안티프라민 바르면 금새 나을 거야. 엄마 손이 약손이라 엄마가 배를 쓰다듬어 주면 돼. 약 먹을 필요 없다고."

엄마의 정성을 부정하려는 의도는 전혀 없다. 약을 먹어야 할 상황에서 무조건 '안티프라민'과 '약손'만 고집하는 것을 지적하고자 하는 것이다. 잘 챙겨 주는 것의 장점이 있는 것은 분명하지만 잘못된 판단을 하는 것이 문제가 된다. 이들은 약통에 써 있는 효능보다 자신의 헌신적인 행동을 더 신뢰한다.

　P가 A를 오염시킨 두 가지 사례를 살펴보았는데 이 것은 '편견'이 있는 것과 동일하다. 앞의 사례는 '아내'에 대한 편견인데, 이런 사람들은 분명 '여자'에 대한 편견을 갖고 있을 가능성이 크다. 뒤의 사례는 병 치료에 대한 잘못된 편견을 갖고 있는 사람에 대한 것이다. A가 P에 의해서 오염된 모습은 흔히 말하는 '꼰대질'[3]과 같다. 세대 간에 대화가 통하지 않는 것도 이런 오염이 이유가 된다.

　이번에는 C가 A를 오염시키는 경우를 살펴보자.

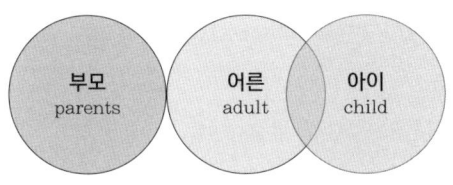

---

[3] 기성세대가 자신의 경험을 일반화하여 젊은 사람에게 어떤 생각이나 행동 방식 따위를 일방적으로 강요하는 행위를 속되게 이르는 말

C가 A를 오염

C도 A를 오염시킬 수 있다. C는 아이자아다. A를 사용해야 할 상황에서 아이의 자아를 사용한다. 그래서 상황에 맞지 않는 대화를 한다. 이것을 잘 보여주는 대화 내용을 보자.

영수는 노트북을 가지고 어느 카페에 들어갔다. 작업을 할 것이 있어 커피 한 잔을 시켜 놓고 오랫동안 앉아 일을 할 계획이었다. 마침 카페 안에 사람들도 많지 않아서 조용히 작업을 하고 있었다. 이때 여자 세 명이 카페 안으로 들어왔고 이들은 좀 시끄럽게 대화를 이어 나갔다. 영수는 기분이 언짢아서 그쪽을 쳐다보았다. 마침 그 중의 한 사람과 눈이 마주쳤고 영수는 그들이 자신에 대해 이야기하는 것으로 오해를 한다. 좀 이따가 영수는 다시 세 명이 있는 쪽을 바라보았다. 그들과 또 눈이 마주쳤는데 이번에는 그들이 웃고 있는 것이다. 영수는 그들이 자신을 비웃고 있다고 생각을 한다. 갑자기 일어나 그 세 명에게 다가가 따지기 시작한다.
"아니, 너무하시는 것 아닙니까? 왜 시끄럽게 떠들어요? 세 분이 카페 전세 냈습니까? 그리고 왜 저를 쳐다보며 비웃어요? 제가 모를 줄 알았어요?"

세 명은 영수의 반응을 이해할 수 없었다. 아무리 해명을 해 봐도 영수는 점점 예민해져 갔다. 영수는 왜 그런 오해를 하게 된 걸까? 보통 사람이라면 속으로 좀 시끄럽다고만 생각할 것이다. 하지만 영수는 혼자 오해를 하고 그것을 확신하며 자신의 생각을 바꾸려고 하지 않았다. C가 A를 오염시켰기 때문에 객관적인 판단을 하지 못하고 있으며, 자격지심의 모습과 같다. 아마 어린 시절에 이와 비슷한 경험을 겪었을 가능성이 크다. 하지만 그때의 기억을 지금의 상황에 적용을 하는 것은 적절하지 않다.

아이 자아^C 사용하기

C^{아이}는 어떻게 사용하느냐에 따라 약이 되기도 하고 독이 되기도 한다. 성인이 되고 나이를 먹어 가면서 C의 사용은 줄어들 수밖에 없다. 그래서 여기저기 지적을 하는 말을 많이 하게 되며, 일만 하는 일중독자의 모습으로 변해간다. 아이처럼 시간 여유를 갖지 못하며 농담을 하는 것도 점점 줄어들게 된다. 그래서 C는 의도적으로 사용할 필요가 있다. 일정을 짤 때 C의 사용

을 만들기 위해서 노는 날, 여행가는 날, 사람들과 만나 여흥을 즐기는 날을 정하는 것이 필요하다.

하지만 모든 사람들에게 이것이 동일하게 필요하지는 않다. 결혼을 하고 아이가 태어나 여러 가지 집안일을 아내와 나눠서 해 나가야 할 때 남편이 C를 과하게 사용한다면 아내는 독박 육아에 경제적인 어려움까지 겪게 된다. 왜냐하면 $P^{부모}$와 $A^{어른}$를 사용해서 집안 일도 챙기고 일도 열심히 해서 가정을 꾸려 나가야 하는데, 오직 노는 일에만 몰두하기 때문이다. 이런 남편에게 불만을 말해 봤자 자신에게는 어떤 문제가 없으며 오히려 자신의 자유를 왜 침해하냐고 불평을 할 수 있다. 이런 경우에는 C의 사용이 독이 되어 건강한 가정을 만드는데 방해가 된다. 이런 가정에서는 "이제 그만 정신 좀 차려. 가서 돈 좀 벌어와. 우리는 뭐 먹고 사냐고."라는 아내의 불평이 나오게 된다.

조정력

CP, NP, A, FC, AC의 점수는 사람들마다 다르게 나온다. 각각 점수가 어떻게 나오느냐에 따라서 그 사람의 모습과 대화의 스타일이 다르게 된다. 높게 나온 것을 과잉으로 사용하지 않고, 낮게 나온 것을 필요한 상황에서 잘 사용할 수 있다면 심리게임을 벌이는 일은 줄어들게 될 것이다. 그것이 '조정력'이다. CP^{비판적 부모}가 높은 사람일지라도 놀러가 사람들과 즐거운 시간을 보내는 사람에게 "너 일할 때 이렇게 열심히 하면 얼마나 좋니? 아주 잘 노네."와 같은 말은 하지 않을 수 있다. A^{어른}가 낮은 사람이라도 "이것은 검증되지 않은 제품 같아요. 아무런 근거도 확인하지 않고 몸에 좋다는 말만 믿고 먹게 된다면 문제가 생길 수 있어요."와 같이 올바른 판단을 하는 말을 할 수 있다. 각 상황에서 그에 해당하는 PAC를 조정해서 사용한다면 매우 원활한 대화가 이루어질 수 있다.

스트로크

PAC와 인생태도 외에 게이머가 심리게임을 하는 이유를 알 수 있는 것으로 '스트로크'^{stroke}가 있다. 스트로크는 매우 다양한 분야에서 사용되는 단어다. 의학에서는 뇌졸중이며 운동에서는 공을 치는 타법이다.

교류분석에서는 '마음의 자극'이라는 의미로 사용된다. 사람들은 타인으로부터 스트로크를 얻으며 살아간다. 자신의 존재를 인정받지 못하면 사람은 살아갈 수 없기 때문에 스트로크를 얻기 위해서 무의식적으로 노력을 하게 된다. 스트로크를 얻을 수 있는 방법은 여러 가지가 있는데 게이머는 그 과정에 어떤 문제가 있다. 그래서 원하는 스트로크를 얻을 수 없고 그것을 해결하기 위해서 심리게임을 하는 것이다. 그 말은 심리게임이 스트로크를 얻는데 도움을 준다는 것으로 해석할 수 있다. 이 내용을 이해하기 위해 스트로크의 두 가지, 긍정스트로크와 부정스트로크를 알아야 한다.

긍정스트로크

사람들은 긍정스트로크, 즉 긍정적인 마음의 자극을 얻기 위해서 노력한다. 그것을 위해서 주변의 친한 사람들과 대화할 시간을 갖는다. 커피, 술, 식사는 그것을 진행하기 위한 기회를 제공한다. 서로 더 좋은 긍정스트로크를 얻고 주기 위해서 대화와 표정의 기술도 공부를 한다. 어떻게 보면 우리는 평생 긍정스트로크를 서로 주고 받기 위해 산다고 할 수 있다. 사람에 따라 더 강한 긍정스트로크를 제공하는 사람도 있고 그 반대인 사람도 있다.

사람은 자신이 채워야 할 스트로크의 양이 있다. 서로서로 주고 받는 긍정스트로크로 충분히 자신의 부족한 스트로크를 채울 수 있다. 하지만 그렇지 못한 사람도 있다. 주변 사람들로부터 긍정스트로크를 제대로 받지 못할 수도 있고, 긍정스트로크를 주는 사람이 주변에 별로 없을 수도 있다.

부정스트로크

긍정스트로크가 채워지지 않은 사람들은 그 대신 부정스트로크로 부족한 스트로크의 양을 채우게 된다. 부정스트로크로 채우는 과정 가운데 심리게임이 벌어진다. 심리게임을 하게 되면 상대방과 기분 나쁜 대화를 할 수 있고 서로 불쾌감을 주며 대화를 마치게 된다. 상대를 통해서 부정스트로크를 얻을 수 있는 대화인 것이다. 기분 좋은 대화를 할 수 없기 때문에 게이머는 기분 나쁜 대화를 선택할 수밖에 없다. 게이머의 이런 선택이 이상하다고 생각될 것이다. 하지만 게이머 입장에서 이것은 그들의 생존방식이다. 긍정스트로크로 채우지 못하는 게이머 입장에서는 부정적인 것으로 채우는 것이 해결책이 된다. 이렇게 채우는 방식은 그의 습관이 되고, 이것이 그가 주로 사용하는 심리게임이 된다. 이것은 담배나 마약처럼 좋지 않은 것이지만 일시적으로 부족한 스트로크의 허기를 채워 주는 효과가 있다. 아이들이 종종 이런 방식을 사용하는 경우가 있는데 부모의 관심을 얻기 위해 심한 장난을 하고 그것을 혼내면 말도 안 되는 변명을 늘어놓는다. 아이들이 하는 심리게임은 이해해줄 수 있다. 하지만 성인이 이런 방식을 반복적으로 사용한다면 그 누구도 이해하려고 하지 않을 것이다.

시간구조화

스트로크는 상황에 따라 다르게 채워진다. 그 상황을 분류한 것이 '시간구조화'다. 총 여섯 개로 분류하는데 아래와 같다.

1. **폐쇄 : 아무런 교류가 없는 상태**
2. **의식 : 필수적으로 교류를 해야 하는 상태**

3. 잡담 : 쓸데없는 대화를 나누는 상태
4. 활동 : 창조적, 생산적, 건설적인 교류가 있는 상태
5. 게임 : 불쾌감만 얻게 되는 대화의 상태
6. 친교 : 따스한 교류가 이루어지는 상태

　상황에 따라 약간 차이는 있지만 대부분의 사람들은 위의 여섯 가지를 매일 겪게 된다.
　'폐쇄'는 교류를 할 상대가 없을 때의 상황을 말한다. 혼자 있을 때뿐만 아니라 사람들이 주변에 있더라도 그들과 대화를 하지 않는다면 그 시간은 폐쇄라고 할 수 있다.
　'의식'은 사회생활을 하다 보면 거의 필수적으로 겪게 된다. 사람을 만났을 때 인사를 해야 하는 것처럼 관습적으로 해 오던 교류다. 의식의 기쁨은 크지 않다.
　'잡담'은 매우 즐거운 편이다. 하지만 그 순간만 즐거울 뿐, 잡담이 끝나는 순간 그 즐거움은 연기처럼 사라지게 된다.
　'활동'은 일을 하는 것으로, 사람들은 일생 동안 일을 하면서 살아간다. 활동을 통해 얻는 스트로크는 매우 큰 편이다. 일이 잘 되지 않다가 잘 풀리게 되었을 때의 기분을 생각해 보면 이해가 될 것이다.
　'게임'은 기분 나쁜 교류가 이루어지는 것으로 100%

부정스트로크라고 할 수 있는데, 그 자극은 센 편이다. 자극은 세지만 부정이기 때문에 심리게임을 겪고 나면 그 충격은 오래 지속된다.

'친교'는 마음이 잘 맞는 사람, 친한 사람과의 교류이기 때문에 가장 기분 좋은 교류가 이루어지는 시간이다. 그래서 친교를 어떻게 하느냐에 따라 인생의 즐거움이 결정된다.

시간구조화에 따른 스트로크의 세기를 그래프로 그려 보면 아래와 같다.

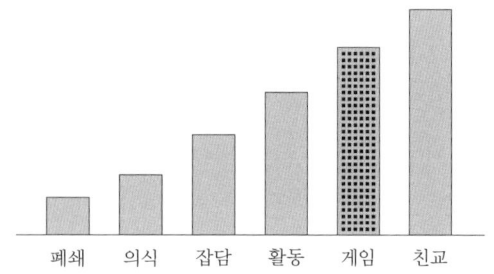

게임을 제외한 나머지 다섯 가지는 긍정스트로크의 세기를 보여주는 것이다. 그런데 만약 이 중에서 첫 번째와 두 번째에 해당하는 친교와 활동을 통해 스트로크를 얻지 못한다면 어떻게 될까? 잡담, 의식, 폐쇄를 통해서는 만족스러울 만한 양의 스트로크를 얻을 수 없다. 그래서 항상 허기를 느끼게 될 수밖에 없다. 그래서 결국 심리게임을 하게 되는 것이다. 주변에 친한 사람이 없거나 일을 하긴 하는데 보람을 느끼지 못하는 사람들은 주변 사람들과 이상한 대화를 함으로 부정 스트로크를 얻는다. 주변과 잘 지내던 사람도 긍정스트로크를 얻을 수 없는 상황이 된다면 게이머가 될 수 있다는 것을 기억하자. 태어나면서 게이머가 되는 것은 아니다.

심리게임의 원인이 스트로크라는 것을 알지 못한다면 게이머가 왜 이런 대화를 하는지 절대로 이해할 수 없다. 게이머가 상대를 기분 나쁘게 하면 자신도 같이 기분이 나쁘게 되기 때문에 절대로 이런 대화를 하지 않을거라고 생각한다. 하지만 부족한 스트로크를 채우기 위한 것으로 본다면 충분히 이해가 될 것이다. 다음의 대화를 살펴보자.

아내 또 이러네? 왜 매번 치약을 이렇게 짜는 거지?
남편 제발 그런 걸로 좀 안 싸우면 안 될까?
부인 한두 번이야 그냥 참고 넘어가지! 몇 년이 지나도 이런데... 이런 사람인 줄 알았으면 진짜 결혼 안 했을 거야.
남편 너 지금 뭐라고 했어? 나는 뭐 불만 없는 줄 알아?

부인 당신이 불만을 말할 상황이야? 적반하장이네. 내 인생 이렇게 된 거 다 당신 때문이야!

 치약으로 인해 벌어진 대화가 부부싸움으로 커졌고 결국 결혼한 것을 후회한다는 대화까지 확대되었다. 보통 이런 갈등 상황에 '사람마다 치약을 사용하는 방식이 다르니 그것을 인정해 주자'라는 조언을 한다. 이것도 어느 정도 해결책이 될 수 있다. 하지만 아내는 치약을 볼 때마다 남편이 자신의 말을 전혀 듣고 있지 않다는 실망감을 느끼게 될 것이다. 단지 억지로 참음으로써 갈등의 대화가 더 커지지 않게 막을 뿐이다.

 위의 대화를 스트로크의 관점으로 바라보자. 아내를 게이머라고 가정해 보면, 남편이 치약을 제대로 짜지 않은 행동은 아내가 미끼를 던지기에 좋은 조건을 만들어 준다. 만약 남편이 치약을 곱게 짰다면 아내는 남편의 또 다른 부족한 점을 찾느라 고군분투하게 될 것이다. 「너 이번에 딱 걸렸어」 게임처럼 치약을 마음에 들지 않게 짜는 것을 몇 번 지켜보면서 어느 날 한꺼번에 불만을 쏟아 놓을 것이다. 아내는 자신의 기준에 맞지 않은 남편을 공격자로 여기게 되며, 아내는 그 공격을 맞받아쳐 남편에게 방어적 공격을 하게 된다. 이 심리게임이 부부 사이에 벌어진다면 쉽게 탈출하지 못하고 서로의 불쾌감만 최고조로 만들게 된다.

아내는 긍정스트로크를 얻지 못해 부정스트로크를 얻을 준비를 항상 하고 있다. 그 대상이 남편이 된 것이고 치약은 그것을 돕는 미끼일 뿐이다. 그렇다면 꼭 치약으로만 게임이 벌어질까? 아내는 부족한 스트로크를 채우고 싶을 때마다 남편의 행동을 관찰하고 심리게임을 시도하게 되는데 그때 다른 도구가 채택될 수도 있다. 그래서 남편이 치약을 꼼꼼하게 짠다고 해결될 문제는 아니다. 지금 이 설명은 아내가 게이머라는 것을 가정해 놓고 본 것이다. 게이머가 아닌 아내도 남편의 치약 문제로 잔소리는 할 수 있다.

긍정스트로크 채우기

주변의 게이머만 신경을 쓸 것이 아니라 자신의 스트로크도 주의 깊게 살펴봐야 한다. 나 자신의 시간구조화 비율을 한번 따져 보자. 나는 긍정스트로크를 제대로 얻고 있는지 살펴볼 필요가 있다. 부족하다면 친교와 활동의 시간을 늘일 수 있는 기회를 만들어야 한다.

그렇다면 긍정스트로크의 강도가 가장 센 친교의 시간은 어떻게 만들 수 있을까? 친교는 가족 안에서 쉽게 얻을 수 있지만 모든 가족이 다 그렇다고 할 수는 없다. 화목하지 않은 가정 안에서는 친교의 양이 매우 적을 수 있다. 그리고 가족은 나의 노력에 의해서 만들 수 있는 것이 아니라 운명적으로 정해진다. 그렇다면 나의 노력을 통해서 만들 수 있는 친교에는 무엇이 있을까? 좋은 사람들과의 만남이 그렇다고 할 수 있는데 그 대표적인 것이 동호회에 참여하는 것이다. 아무 동호회나 참여를 한다고 원하는 목적을 달성할 수 있는 것은 아니다. 좋은 사람들과 좋아하는 활동을 해야 긍정스트로크를 크게 얻을 수 있다.

나에게만 게이머?

혹자는 이렇게 생각을 할지도 모르겠다. 현실에서 만난 어느 게이머가 나에게만 게이머일까? 다른 사람들에게는 정상으로 보일 수 있을까? 오직 나에게만 선택적으로 심리게임을 하는 사람이 있을까?

누구나 그렇듯이 '나'의 관점에서 이상해 보이는 사람은 꼭 있게 마련이다. '저 사람 진짜 싫어', '저 사람과 대화하면 진짜 기분 나빠'라고 느끼는 것이 나에게만 해당되는 경우가 있다. 그런 기분 나쁜 대상에 대해서 나의 의견과 타인의 의견이 다르다면 그는 게이머가 아닐 수 있다. 오직 나에게만 심리게임을 하는 게이머는 없다. 게이머는 습관적으로 심리게임을 하는 사람이다보니 나 외에도 여러 사람들에게 동일한 심리게임을 사용한다. 그렇다고 모든 사람들에게 공평하게 돌아가면서 심리게임을 하는 것은 아니다.

게이머가 아무에게나 심리게임을 하는 것은 아니지만 왠만하면 주변 사람들을 한 번씩 건드린다. 만약 나에게만 주로 심리게임을 쓰고 있다는 것이 느껴진다면 그것은 그가 나를 이미 좋은 먹이감으로 낙인 찍었다는 것을 의미한다. 한마디로 나를 만만하게 보는 것이다. 게이머도 사람을 봐 가면서 심리게임을 사용한다. 자신의 심리게임이 성공해야 하는데 잘 걸려들지 않을 사람에게 사용을 한다면 실패율이 높아지고 결국 자신이 원하는 부정스트로크를 얻을 수 없게 된다. 그래서 회사 내의 상황이라면 직급이 높은 게이머가 낮은 직원들에게 사용하는 경우가 많다. 하지만 가정에서는 부모와 자녀 서로 간에 심리게임을 많이 사용한다. 매우 엄한 분위기의 가정을 제외하면 부모와 자녀 서로가 심리게임을 사용하는데 어려움을 느끼지 않는다. 특히 철이 들지 않은 자녀는 부모에게 아무 때나 심리게임을 사용한다. 미취학 아이들의 경우 부모에게 떼를 쓰는 경우가 많다. 핸드폰으로 뽀로로를 열심히 보고 있는 아이의 핸드폰을 빼앗게 되면 아이는 엄청나게 화를 내거나 부모를 때리기도 한다. 그리고 그때 아이의 심리게임이 시작된다. 아이 입장에서는 자신이 재미있게 보고 있는 뽀로로 시청을 부모가 방해한 것이 된다. 아이는 부모를 공격자로 보는 것이다. 하지만 부모는 공격할 마음이 전혀 없고 오히려 그렇게 오래 영상을 보고 있는 것이 아이에게 안 좋은 영향을 미칠까봐 빼앗은 것이다. 이것은 구원자의 역할이다. 물론 어린 아이는 이런 점을 전혀 이해할 수 없다. 아이는 커 가면서 부모의 마음을 알게 되고 자신의 잘못을 인식하게 된다. PAC 중에서 A^{어른}가 점점 성장하는 것이다. 어느 순간 이런 심리게임을 하지 않는다.

내가 게이머?

 상대가 나를 기분 나쁘게 만든다고 해서 그 사람이 무조건 다 게이머일까? 그렇지 않다. 단지 나와 맞지 않는 사람일 수도 있다.

 또 다른 이유로 내가 게이머일 수도 있다. 게이머는 자신이 심리게임을 하는 것도 모를 뿐더러 상대가 자신 때문에 불쾌감을 얻는 것도 알지 못한다. 자신이 먼저 상대를 공격했지만 그 반응을 보고 상대가 자신을 공격했다고 생각한다. 그런 점에서 게이머는 상대가 자신을 이상하게 취급했다고 여긴다.

 나 자신이 게이머인지 아닌지 고민을 해 보니 심리게임을 사용했던 기억이 떠오를 수 있다. 자신이 게이머였다는 생각에 충격을 받게 될 수도 있다. 이때 따져 봐야 하는 것이 있다. 난 평소에는 게이머가 아닌데 게이머를 만나 그의 심리게임 사용으로 나도 그 순간 게이머가 될 수 있다는 점이다. 이런 모습을 가지고 '나도 게이머였구나!'라고 결론을 낼 필요는 없다. 이것은 누구에게나 일시적으로 일어날 수 있는 일이기 때문이다. 그가 먼저 나를 도발시켰으니 나도 그 순간에는 정상적인 판단을 하기가 어려워 게이머가 되는 것이다.

3

드라마 삼각형

막장 드라마
드라마 삼각형
희생자
공격자
구원자
디스카운트
역할의 전환
범죄자의 역할 전환
선후배 사이에서의 역할 전환
좋게 마무리 짓는 역할 전환
사업에 끌어들일 때 사용하는 역할 전환
인생태도의 영향

막장 드라마

 드라마는 우리 삶의 일부분을 보여준다. 많은 드라마 중에서 막장 드라마를 말하려고 한다. 막장 드라마에는 막장 캐릭터가 존재한다. 사람들은 막장 캐릭터를 보면서 그들의 악행에 입이 떡 벌어지기도 하고, 정말 저런 사람이 있을까 의문이 들기도 한다. 가장 안타까운 점은, 주인공은 왜 바보처럼 항상 당할까 하는 점이다.

 심리게임으로 고통을 경험해 본 사람이라면 막장 캐릭터가 게이머라는 것을 눈치챌 수 있다. 막장 캐릭터는 주인공을 위험에 빠뜨리는데 그때마다 자신만의 이유가 다 있다. 막장 캐릭터의 대사를 살펴보면 그 근거를 찾을 수 있다.

 막장 드라마에 자주 등장하는 이야기가 있다. 가난한 집안의 한 남자가 등장하는데 그는 똑똑하다. 이 남자 옆에는 가난하지만 착하고 남자를 물심양면으로 챙겨주는 여자친구가 있다. 둘은 아주 행복한 날들을 보내며 미래를 약속한다. 그러던 어느 날 남자 앞에 자신감 넘치는 재벌 2세 여자가 나타난다. 새로운 여자친구는 매달리는 전 여자친구에게 찾아가 질척거리지 말고 헤어져 달라고 충고한다. 그러면서 자신은 그 남자를 책임질 충분한 능력을 가진 자라는 것을 강조한다. 가난의 구렁텅이에 있는 남자를 구원해 줄 사람이라고 말을 하는 것이다. 전 여자친구도 그 말을 들으니 이해가 된다. 남자는 결국 자신을 위해 희생한 가난한 여자친구를 매몰차게 버리고 새로운 여자친구와 결혼하게 된다. 남자는 애틋했을 때와는 달리 전 여자친구를 가난하고 보잘것없는 존재로 무시한다. 전 여자친구는 스스로를 누구에게도 사랑받을 수 없는 존재라고 여기며 슬퍼한다. 지금까지 남자, 전 여자친구, 새 여자친구의 관계 변화를 설명했다.

드라마에서 역할의 변화가 있듯이 심리게임에도 역할의 변화가 있다. 희생자·공격자·구원자의 세 가지 역할을 따져 보면 누가 어느 역할을 하고 있으며, 이후에 어떤 역할 변화가 있었는지를 알 수 있다.

드라마 삼각형

드라마 삼각형$^{Drama\ triangle}$은 샌프란시스코의 정신과 의사인 스티븐 카프만$^{Stephen\ Karpman,\ 1968}$이 고안한 이론으로, 그는 심리게임에 포함된 여러 요소들이 그리스 드라마와 같다는 점을 관찰하고, 희생자·공격자·구원자의 삼각형 구도로 나눈 배역을 통해 심리게임을 이해하는 중요한 단서를 제시했다. 드라마 삼각형은 우리가 심리게임에 빠져드는 원리를 이해하는데 큰 도움을 준다.

스티븐 카프만

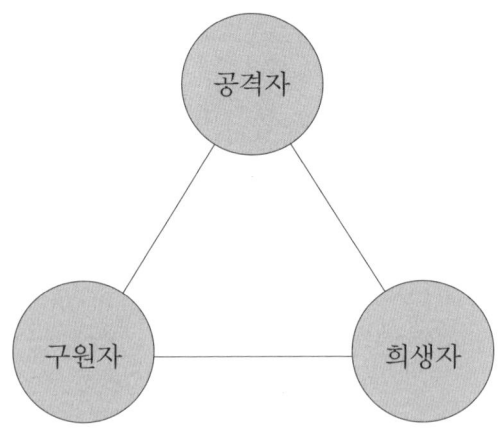

드라마 삼각형은 희생자·공격자·구원자로 등장인물들의 역할을 구분하고, 이 역할 구분이 어떻게 변경되는지를 알려 준다. 드라마 삼각형을 통해서 어떤 사람이 불쌍한 희생자 역할의 대화를 하는 사람인지, 직접적으로 불쾌하게 말하는 공격자 역할을 하는 사람인지, 다른 사람을 돕는 구원자 역할을 하는 사람인지 따져 보면 심리게임의 전환이 어느 방향으로 이동했는지 알 수 있게 된다.

희생자

 대화를 하면서 자신을 결국 희생된 사람으로 결론을 내리는 사람들이 있다. 자신을 깎아내리기도 하고, 상대방 때문에 자신이 희생되었다는 말로 상대를 당황스럽게 만들기도 한다. 자신이 늘 피해자인 것만 같은 소희의 이야기를 들어 보자.

내 이름은 소희다. 나는 늘 남을 배려하기 때문에 손해를 보는 일이 많다. 남에게 주장하거나 나의 의견을 소신 있게 주장하지 못하기 때문에, 회사에서도 늘 나의 의견은 무시당하기 일쑤다. 자기 주장이 강한 사람들이 인성이 나쁨에도 불구하고 승승장구하는 경우가 많은 것 같아 속상할 때가 많다. 역시 이 세상은 착한 사람이 늘 피해를 보고 손해를 보게 되는 구조인 것 같다. 그래도 난 어떤 주장을 할 수가 없다. 나의 성격이 원래 이런 걸 어떻게 하란 말인가.

소희는 자신이 항상 피해자의 역할을 하고 있다고 생각한다. 그녀의 인생태도를 살펴보자. 희생자의 인생태도는 자기부정$^{\text{I'm not OK}}$이다. 자신이 무언가를 해낼 수 없다는 자의식이 매우 크다. 소희에게 자기긍정$^{\text{I'm OK}}$을 할 수 있도록 말해 주더라도 쉽게 받아들이지 않는다. 잠시 동안 "그럴까? 나도 잘 할 수 있겠지?"라고 반응을 보일 수도 있지만 여전히 그녀의 움직임에는 변화가 없다. 자기부정$^{\text{I'm not OK}}$이라는 인생태도를 갖고 있는 것이 한순간에 쉽게 바뀌지 않기 때문이다.

심지어 이런 사람은 자신을 깎아 내리고 공격을 해줄 공격자를 찾기도 한다. 왜냐하면 그 공격자는 타인부정$^{\text{You're not OK}}$을 아무렇지도 않게 던져주기 때문이다. 그런 공격자의 말을 듣고 '역시 나는 안 되는구나'라는 결론을 내림으로써 스스로 희생자임을 재확인한다.

혹자는 희생자에게 공격자가 나타나 공격을 할 때 그것을 반박하지는 않을까 의문을 갖는다. 하지만 희생자가 타인긍정$^{\text{You're OK}}$의 태도를 지니고 있다면 공격자의 공격을 반박할 동력을 얻지 못한다.

희생자는 공격자를 찾는 것 외에 '나 혼자서는 할 수 없다'는 희생자의 신념을 확인하기 위해 구원자를 찾을 수도 있다. 구원자는 희생자에게 도움을 줄 수 있으니 서로 필요한 관계가 된다.

희생자를 분석할 때 인생태도의 자기부정$^{\text{I'm not OK}}$에 해당이 되는 것처럼, PAC에서는 AC$^{\text{순응하는 아이}}$에 해당이 된다. 공격자의 공격과 구원자의 구원을 쉽게 허용하기 때문에 AC가 높다고 예상을 할 수 있다.

주변에서 이런 희생자 게이머를 보게 되면 안타까울 때가 많다. 하지만 그는 그 상황에서 벗어나고자 노력을 하지 않는 것처럼 보인다. 주변의 공격자와 구원자로부터 공격과 구원을 받아가며 스트레스를 받지만 여전히 그 모습을 유지한다. 옆에서 조언을 해 주고 도와주더라도 계속해서 희생자의 모습을 유지한다. 이것은 희생자로부터 벗어나고자 하는 것이 아니라 '희생자 굳히기'를 하는 것이다. 스스로 희생자가 됨으로 '나는 희생을 당하고 있어'라는 감정을 끊임없이 얻고 있는 것이며, 이런 부정적인 감정으로 부정스트로크를 얻고 있는 것이다.

공격자

상대방을 공격하는 대화를 하는 사람으로, 공격할 수 있는 상황을 만들어 상대를 비난한다. 특별한 공격 이유가 떠오르지 않을 때에도 공격자는 상대를 공격할 수 있다. 그래서 공격자의 공격을 당하는 상대는 자신이 무엇을 잘못했는지 알지 못하는 경우가 많다. 공격자 게이머는 자신이 공격자가 되고 상대가 희생자가 되는 방식으로 심리게임을 진행한다.

공격자 게이머의 인생태도는 타인부정$^{\text{You're not OK}}$이며, PAC에서는 CP$^{\text{비판적 부모}}$에 해당된다. 자신이 옳고 타인이 틀렸으니 비판을 쉽게 하는 것이다. 공격자가 공격하기 가장 좋은 사람은 '희생자' 역할을 하는 사람들이다. 그들은 스스로 희생자 역할을 자청하니 공격자가 공격하는데 모든 준비가 된 사람이라고 할 수 있다.

공격자가 공격을 하는 모습을 살펴보면 상대가 공격을 받을 이유가 없을 때에도 잔혹하게 공격을 한다. 이유도 없는데 공격을 하니 이들의 공격은 때로는 망상으로 보이게 된다. 누가 봐도 그것이 비난을 받을 이유가 아닌데 혼자 맹비난의 이유로 삼고 있으니 정신적인 문제가 있는 것처럼 보인다. 이들은 타인을 공격해 놓고 자신만 늘 나쁜 사람이 되는 것 같아 속상해하는 모습도 보여준다. 다음 태우의 이야기를 들어보자.

태우는 늘 주도적이고 진취적으로 업무를 처리하여 회사에서 큰 인정을 받아 왔는데, 이제는 자신이 선배의 입장이 되어 여러 명의 후배들과 함께 업무처리를 해야 하는 경우가 많아졌다. 얼마 전에 후배들이 태우의 직설적인 화법 때문에 힘들어한다는 이야기를 동료를 통해 전해 듣게 되었고, 태우는 '요즘 아이들이라 그런가 보다'하고 가볍게 생각했다. 하지만 이번에는 팀장이 직접 태우에게 후배들이 태우와의 소통을 어려워 하니 좀 더 신경쓰라고 조언을 해주는 것이 아닌가. 알고 보니 일하는 방식이 너무 업무적이고 딱딱하기만 한 태우의 대화법, 그리고 사소한 잘못도 훈계조로 말하는 방식 때문에 후배들이 고통받고 있다는 것이었다. 회사는 놀러 오는 곳이 아니라 업무를 하러 오는 곳인데, 사소한 말투까지 신경 써 가면서 어떻게 업무를 하라는 것인지 태우는 좀처럼 이해가 되지 않을 뿐만 아니라, 왜 자신이 나쁜 사람처럼 보여야 하는지 받아들이기도 어렵다.

사실 대놓고 범죄행위를 저지르는 사람이 아니고서야 공격자가 되어야 겠다고 다짐하며 타인을 짓누르는 사람은 많지 않다. 공격자는 자신을 스스로 공격자라고 생각하지 않는다. 자신이 남에게 위압감을 행사하는 사람이라는 것을 인정하지 않을 뿐만 아니라, 누군가가 그 사실을 상세히 설명해 주더라도 자신의 잘못은 없다고 생각하는 경우가 대부분이다. 심지어 자신이 남에게 피해를 주는 사람이라는 걸 주위 사람 모두가 인정하고 있는 판국에서도, '그렇게 나를 몰아가는 너희가 나쁘다'라는 반응을 보인다.

이들은 주변 사람들에게 따끔한 조언을 하는 경우가 많다. 그 이유를 자신이 그들을 특별히 생각하고 사랑하기 때문이라고 생각한다. 이런 관심과 사랑을 상대가 받아들이지 않으면 오히려 못난 사람으로 여기기도 한다. 공격자 게이머는 자신이 총대를 메고 타인에게 싫은 소리를 하는 것으로 생각한다. 이것은 자신이 희생자 역할을 하고 있는 것이다. 타인이 듣기 싫어하는 지적을 자신이 함으로 욕을 먹기 때문이다. 하지만 그 누구도 그에게 총대를 메고 지적을 하라고 하지 않았으며, 그들의 지적은 절대로 희생이 아니라 공격자의 공격일 뿐이다. 공격자가 스스로 희생되었다고 생각하는 것은 그들만의 착각이다.

공격자 게이머의 공격은 멈추지 않을 것이다. 공격자가 있는 한 공격을 당하는 희생자는 반드시 발생한다. 공격자는 모든 사람들을 공격할까? 그렇지 않다. 공격하기 쉬운 사람을 찾아 그들을 더 많이 공격한다. 마침 그 대상이 '희생자 게이머'라면 금상첨화다. 공격자 게이머 주변에 공격할 대상이 사라지게 되면 그는 또 다른 공격 대상을 찾게 된다. 쉽게 그 대상을 찾지 못할 수도 있다. 이럴 때에는 아무에게나 공격을 감행함으로써 갑작스럽게 희생자를 만들어 버린다. 희생이 된 사람은 도대체 무슨 이유로 자신이 공격을 당했는지 알지 못한다. 회사 내에서 직장 상사로부터 이런 일을 당했다면 자신의 잘못을 찾기 위해 여러 가지 노력을 할 것이다. '내가 뭘 잘못했지? 저번에 식사를 대접하지 않아서 그런가? 돈이라도 챙겨 줘야 하나? 내 복장에 문제가 있나?'와 같은 생각을 하며 이유를 찾아보려고 노력하겠지만, 공격자 게이머는 단지 자신의 공격을 당할 희생자가 필요했던 것뿐이다.

이런 공격자 게이머의 공격을 당하게 될 때에는 당황하지 않을 수 없다. 매우 불쾌하며 하루 종일 아무것도 하지 못할 수 있다. 하지만 당신에게는 공격당할 이유가 없었으며 그는 단지 당신을 기분 나쁘게 공격하는 것이 목적이었다. 우선 심호흡을 하고 천천히 대안을 고민해 보자. 피할 수 없는 상사라면 그들의 공격을 어느 정도는 감당할 수밖에 없다. 그 공격을 약간 완화시키기 위해서 우선 그들의 업적을 칭찬하고 인정해 주자. 그러면 그의 마음이 조금 열릴 것이다. 공격자가 조금씩 내 편이 되는 것을 볼 수도 있을 것이다. 하지만 그럴 가능성이 전혀 없어 보이거나, 마음만 먹으면 딱히 만나지 않아도 되는 그런 상대라면 무조건 피하자. 말이 좋아 공격자의 마음을 열게 하는 것이지 누가 봐도 그것은 공격자의 비위를 맞추는 것이다.

구원자

구원자는 희생자를 돕거나 공격자를 지지하는 친절한 사람처럼 보이지만 결국 상대방을 자신에게 의존하게 만드는 사람이다. 구원자라고 하니 단어의 느낌이 좋아 보일 수 있다. 하지만 이들의 인생태도는 타인부정 You're not OK 이다. 즉, '너는 나의 도움을 필요로 하는, 능력이 없는 사람이야' 라는 메시지를 상대에게 보낸다. 그러나 공격자가 공격을 하는 것과는 달리 상대방을 도우려고 하니 착한 사람처럼 보인다. 겉으로 보기에는 관대한 태도를 보이지만 이는 상대를 자신에게 의존하게 만드는 연출일 뿐이며, 결국 구원자에게 당하는 사람은 점점 기분이 나빠진다. PAC로 분석을 한다면 NP$^{양육적\ 부모}$가 높은 사람일 가능성이 크다. 이들은 타인이 자신의 도움이 반드시 필요하다고 생각한다. 그와 관련된 효주의 이야기를 들어 보자.

효주는 10년이나 회사를 근속한 직원인데, 아무래도 오랜 기간 다니던 곳이니 개인적으로 연락을 하는 직원도 아주 많았다. 가끔은 효주의 업무와 상관없는 일로 전화를 하는 지인들이 있었는데, 이 때마다 "OO 좀 알아봐 주면 안 될까요?"식의 부탁들이 많았다. 그럴 때 마다 효주는 "제가 한번 그 부서에 물어보고 연락을 드릴게요."라고 대답을 하는데, 이 때문에 본 업무를 진행하지 못하고 시간을 빼앗기기 일쑤였다. 한번은 보다 못한 옆자리 팀원이 "효주씨, 그건 그냥 그 부서로 전화하라고 하면 되잖아요. 너무 그렇게 다 도와주려고 하면 내 일을 못해요."라고 따끔한 충고를 해 주었지만, 효주는 다음과 같이 답변을 했다. "알아보는 게 얼마나 힘들겠어요, 제가 도움을 주지 않으면 그 사람이 헤맬까 봐 쉽사리 지나치지 못하겠어요."

이들은 내가 아니면 그 일은 이루어지지 않을 것이라고 생각하는 사람처럼 보인다. 하지만 이들은 책임감을 갖고 자신있게 자신이 꼭 해야 한다고 말하는 사람은 아니다. 그보다는 조용히 옆에서 친절하게 챙겨주고 도와주는 스타일의 사람이다. 자신보다 먼저 남을 생각하고 그가 어떤 어려움이 있는지를 살펴보는 사람이다.

구원자의 희생이 아름답게만 보이면 문제는 없을 것이다. 하지만 이들의 모습은 도움을 받는 상대나 다른 사람의 눈에 불편하게 보이기도 한다. 불편함을 느꼈다는 것은 그가 심리게임을 했다는 것이고, 그는 세 가지 중에서 구원자 게이머인 것이다. 그는 심리게임을 하기 위해서 항상 주변을 살핀다. 어디 도움을 필요로 하는 사람이 없는지 보는 것이다. 그런 대상이 딱히 보이지 않을 때에는 상대가 도움을 요청하지 않을 때에도 나서서 도움을 준다.

구원자 게이머는 왜 상대를 구원하기 위해서 노력을 할까? 그것은 희생자 게이머와 공격자 게이머 모두가 동일하게 원하는 스트로크를 채우기 위해서다. 구원자 게이머는 특히 상대로부터 '인정'에 대한 스트로크를 얻고자 노력하는 사람이다. 그 인정을 채우기 위해서는 자신이 스스로 구원자가 되어야 한다. 구원자가 될 수 있는 상황이라면 나서서 구원자가 되지만, 그렇지 않은 상황에서는 나서서 상대를 돕겠다고 말을 하거나 특정 대상을 도울 상황을 인위적으로 만들기도 한다. 예를 들어, 김장을 할 때가 되면 "제가 재료를 다 준비해

났어요. 저희 집으로 오세요."와 같은 말을 한다. 구원을 할 수 있는 상황을 미리 만들어 놓은 것이다. 김장을 마친 후에 참여한 사람들이 "이렇게 준비를 해 줘서 김장을 잘 마칠 수 있었네요. 고마워요."라고 말한다면 원하는 인정을 받게 되는 것이다.

하지만 게이머에게 모든 상황이 이런 식으로 진행되는 것은 아니다. 사람들은 자신이 요구하지 않은 구원에 대해서 부담을 느낀다. 구원자 게이머는 이런 구원의 행동을 어쩌다 한 번 하는 것이 아니다. 반복적으로 구원을 당하는 사람은 점점 구원자를 피하거나 거부하는 의사를 표현하게 된다.

구원자 게이머는 생색의 말을 할 가능성이 크다. "우리 동네 사람들은 내가 준비를 해 줘서 김장을 마친 거야." 이것은 자신이 구원자임을 상대에게 확인시켜 주는 말이다. 자신이 구원을 해 주지 않으면 일이 제대로 될 수 없다는 것을 말하고 싶은 것이다. 이런 말을 들은 동네 사람들은 점점 그의 구원을 거부하게 된다. 상대를 모두 '김장도 혼자 못하는 사람'으로 만들기 때문이다. 본인 혼자 구원자가 되기 위해서 주변 사람들을 능력이 없는 사람으로 만드는 것이 특징이다.

구원자 게이머는 '난 못하겠어', '난 늘 도움이 필요한 사람이야'라고 생각하는 사람들이 필요하다. 그래서 희생자 게이머가 구원자 게이머를 만나면 의외로 심리게임이 잘 이루어진다. 서로 원하는 역할을 맡아 드라마를 만들 수 있기 때문이다.

도움을 적극적으로 주는 구원자의 모습이 왜 나쁜지 잘 모르겠다고 생각하는 독자들도 있을 것이다. 구원자 게이머의 「난 도우려고 했을 뿐이야」 게임을 살펴보면 이해가 쉬울 것이다. 게이머는 A이다.

A 제가 도와드릴게요. 이렇게 하면 될 것 같은데요. 제가 오전 내로 해서 가져다 드릴게요.

(오후가 되서)
A 이게 실제로 해 보니 잘 되지 않네요. 어떡하죠?
B 그걸 지금 말하면 어떡해요?

(불만을 표현하는 상대에게)
A 제가 일부러 그런 건 아니잖아요. 저는 그저 도우려고 했을 뿐이에요. 이렇게 말씀하시면 제가 섭섭하죠.
B 그럼 빨리 말을 하셨어야죠...

결과가 좋지 않더라도 자신은 도움을 주려고 했다며 정당화하는 말로 대화를 마쳤다. 원하지 않은 구원자 게이머의 도움도 부담스러울 수가 있는데, 위의 예시는 화까지 나도록 만드는 상황이다. 그는 정말로 상대에게 구원자일까? 아니면 자기 혼자서 구원자인 척 하고 싶은 걸까?

구원자 게이머에게 이런 행동을 그만 중단하기를 권할 수도 있다. 구원자는 자신의 이런 모습을 중단해야 한다는 것을 이미 알고 있는 경우도 많다. 왜냐하면 몸이 많이 피곤하기 때문이다. 타인을 신경 쓰느라 자기 집안 정리는 안 한지 오래되었다. '그만 해야지'라고 반복적으로 외치지만 그 순간 누가 도움을 요청하면 또 바로 나간다. 심리게임을 하기 위한 집착의 모습이다.

디스카운트

드라마 삼각형의 세 가지 역할에 대해서 살펴보았다. 이들이 심리게임을 할 때 누군가를 부정적으로 깎아내리는 경우가 있다. 이를 '디스카운트'라고 한다.

구원자와 공격자는 상대를 디스카운트 하는데 그 중 구원자는 상대방이 스스로 사고하고 주도적으로 행동

할 능력을 디스카운트한다. 그리고 공격자는 상대방의 모든 것을 디스카운트하는데, 그 이유는 공격을 하는 것 자체가 목적이기 때문이다. 반면에 희생자는 자신을 디스카운트 한다. 이런 이유로 자신을 아무런 능력이 없는 사람으로 생각하며, 그 생각은 현실이 되어 실제로 문제 해결을 잘 하지 못한다. 게이머들의 디스카운트를 듣고 있으면 나 또한 부정적인 사람이 되는 것 같아 함께 대화를 하는 것이 어렵다는 것을 알게 된다.

역할의 전환

위에서 설명한 것처럼 이들은 희생자·공격자·구원자의 역할을 선택한다. 그런 역할을 하지 않아도 되는 상황에서 스스로 자청해 특정 역할을 맡는 것이다. 이것은 이들이 다른 역할에서 또 다른 역할로 전환을 했다는 것을 의미한다. 구원자였던 사람이 어느새 다른 사람을 괴롭히는 공격자로 변할 수 있다. 희생자로 보였던 사람도 마찬가지로 공격자로 변하고, 공격자였던 사람이 희생자로 변한다. 지금 언급하고 있는 '전환'이 심리게임의 공식에 있었던 '전환'이다. 상대와의 합의 없이 게이머는 혼자 역할을 전환한다. 상대는 왜 이렇게 되는지 이해를 하지 못하고 혼란에 빠지게 된다.

「난 도우려고 했을 뿐이야」 게임의 또 다른 사례를 보자.

성일이는 서울로 이사를 하기 위해 서울에 사는 친구 용진이에게 부동산에 대해 물어봤다. 용진이는 "알았어. 내가 시간 날 때 돌아다녀 보며 알아볼게."라며 자기 일처럼 관심을 갖고 도와주었다.

어느날 전화가 와 "다섯 군데 알아봤어. 이번 주에 올라와 봐. 여기 한 번 가 보자. 네가 원하는 가격대에 맞는 집들이야."라며 도와주는 것이 아닌가.

성일이는 주말에 바로 가족을 데리고 서울로 올라갔다. 용진이는 자기 스케줄을 다 빼고 성일이의 집을 보는 일에 동참을 했다. 성일이는 용진이가 너무 고마워서 근사한 곳에서 식사를 대접했다. 하지만 오늘 본 집들 중에 성일이가 마음에 드는 집은 없었다. 원하는 가격대에 해당하는 집들은 다 좁았기 때문이다. 일단 집 보는 것을 마무리하고 다시 내려갔다. 며칠 후 용진이에게 다시 전화가 왔다.

"더 좋은 집을 찾았어. 다시 올라와 봐. 이 집 다른 사람이 계약하기 전에 빨리 계약해야 하는데. 금주에 빨리 올라와." 이 말을 듣고 성일이는 급히 올라갔다. 하지만 이번에도 원하는 집은 아니었다. 아무래도 성일이는 서울에서 집을 구하는 것이 어려울 것 같다고 판단한다.

용진이에게 또 전화가 왔다. 성일이는 "이제 집 그만 볼게. 서울은 그만 알아보고 다른 곳으로 알아보려고 해. 그동안 고맙게 알아봐 줬는데 이제 그만하려고 해. 내가 서울 가면 연락할게."라며 집을 알아봐 주는 것을 거절했다. 그런데도 용진이는 종종 집을 대신 알아봐 주면서 그 정보를 보내줬다. 성일이는 다시 거절 의사를 조심스럽게 전달했다. 그랬더니 용진이는 "그래? 알았어. 내가 괜히 혼자 오지랖 넓게 알아봤네. 난 그냥 도와주려고 한 것뿐인데. 도움도 안 되고 귀찮게만 했네."라며 약간 비꼬는 말투로 말을 마무리했다.

용진이는 지나칠 정도로 친절을 베푸는 사람이다. 성일이는 용진이가 도움을 주는 것이 고마웠다. 하지만 도움을 준다는 명목하에 지나칠 정도로 참견과 간섭을 받게 되니 점점 불편함을 느끼게 된다. 좀 거리를 두어야겠다는 생각을 하고, 도움을 거절하는 말을 건넨다. 이때 구원자 역할을 하던 용진이가 갑자기 자신을 공격자로 여기는 말을 한다. "내가 괜히 혼자 오지랖 넓게 알아봤네. 난 그냥 도와주려고 한 것뿐인데. 도움도 안 되고 귀찮게만 했네." 이 말에는 용진이 자신이 공격자가 되었다는 의미가 들어가 있다. 하지만 성일이는 용진이를 구원자로 생각했지 공격자로 생각한 적은 없기 때문에 "아니야. 귀찮게 하기는, 얼마나 고마웠는데."라고 말을 함으로 용진이가 공격자가 아님을 알려 줄 것이다. 그런데 성일이는 왠지 기분이 이상해진다.

용진이는 자신을 희생자로 역할 전환을 했다. 위에서 용진이는 스스로 자신을 '공격자'로 역할 전환을 했다고 설명했는데, 지금 '희생자'로 전환했다는 것은 무슨 말인지 궁금해 할 것이다. 용진이가 한 말 "내가 괜히 혼자 오지랖 넓게 알아봤네. 난 그냥 도와주려고 한 것뿐인데. 도움도 안 되고 귀찮게만 했네."를 잘 보자. 이 말 속에는 '너 집 알아보느라고 내가 얼마나 힘들었는지 알아? 내 일도 빼가면서 집도 알아보고 네가 올라올 때 내가 함께 다니기도 했는데 말이야. 너 때문에 내가 얼마나 손해를 봤는지 알아? 네가 날 공격한 거라고'라는 의미가 포함되어 있다. 물론 입으로 내뱉은 말에는 이런 내용이 들어 있지는 않지만 그 이면에는 이런 의미가 포함되어 있기 때문에 이 말을 듣는 성일이는 황당함을 느낄 수밖에 없다. 용진이의 마지막 말로 인해 성일이는 공격자가 되었고 용진이는 희생자가 되었다.

이 대화에서 게이머는 용진이다. 용진이의 말을 잘 살펴보자. 용진이는 성일이의 이사를 돕는 구원자의 역할로 시작을 했지만 결론은 자신을 희생자로 만들었다. 역할의 전환이 이루어진 것이다. 이 전환을 위해서 친구가 이사가는 것을 도와준 것이며 상대가 거절을 해도 계속 도와줘서 결국 확실한 거절을 하도록 만들었다. 그때 상대를 공격자로 만들어 자신이 희생된 사람이라는 말을 던졌다.

용진이는 성일이를 도와주는 것이 끝난 후에도 동일한 심리게임을 하기 위해서 누군가 도와주는 일을 계속적으로 해야 한다. 그래야 꾸준히 스트로크를 얻을 수 있다. 용진이가 성일이에게만 이런 말을 했다면 그를 게이머라고 확정할 수는 없다. 하지만 용진이가 게이머라면 위의 심리게임을 대상만 바꾸어 반복할 것이고 그때마다 자신의 문제점은 절대로 인식하지 못한다. 습관적으로 위의 심리게임을 할 때마다 '내 주위에는 왜 이렇게 이기적인 사람들이 많아? 다 자신만 생각한다고. 도와줘도 고마운지를 모른다니까.'와 같은 생각을 할 뿐이다. 이런 게이머와 꼬인 오해를 풀겠다고 그에게 천천히 상세하게 설명을 하는 짓은 하지 말자. 게이머는 오해를 풀고 싶어하지 않는다. 오직 자신에게 부족한 스트로크를 채우기 위해서 자신에게 편한 심리게임을 할 뿐이다. 게이머의 방식에 절대로 말려들지 말자.

심리게임은 막장 드라마에서 쉽게 볼 수 있다. 내가 직접 겪게 되면 매우 불쾌하지만 방송으로 보면 극적인 갈등이 벌어지기 때문에 매우 재미있다는 것을 확인할 수 있다. 드라마뿐만 아니라 예능 프로그램에서도 쉽게 볼 수 있는데, 심리게임이 더 많이 나올수록 더 재미있는 방송이 된다.

범죄자의 역할 전환

심리게임은 역할의 전환이라는 단계를 거친다. 이런 전환은 뉴스에서도 볼 수 있다. 어느 사건의 이야기를 살펴보자.

얼마 전 끔찍한 살인사건이 발생한 적이 있었다. 온라인 게임에서 만난 여성과 그의 가족을 무자비하게 살해한 범죄자의 이야기. 사건의 발단부터 그가 체포되기까지 세간의 관심이 해당 사건에 쏠렸고, 많은 이들이 체포된 그의 얼굴과 사죄의 멘트를 지켜보았다. 너무 큰 죄를 지었다며 대중 앞에 갑자기 무릎을 꿇는 그의 모습. 그 와중에도 그의 뒤에 서 있던 관계자에게는 "이거(제 팔) 잠깐만 놓아 주실

래요?"라며 갑자기 표정을 바꾸며 화내는 모습을 보였다. 많은 사람들은 그의 모습에서 진정성을 느끼기 어려웠고, 범죄심리 전문가들은 관심 받고 싶은 심리적인 욕망이 오히려 더 많이 보인다고 평가했다.

누가 봐도 용서할 수 없는 끔찍한 사건을 주도한 범죄자는 '공격자'다. 기자의 질문에 이들은 자신을 '희생자'로 전환하는 모습을 보이기도 한다. 얼마 전 끔찍한 온라인 성범죄를 저질러 체포되었던 한 범죄자는 "악마의 삶을 살 뻔 했는데 멈추게 해주어서 고맙다."라는 망언을 남기기도 했다. 공격자인 범죄자가 이렇게 말함으로 자신 또한 피해자가 되어 범죄자로부터 벗어나는 감정을 갖고자 한 것이다. 혹자는 범죄자의 그런 말을 듣고 '맞아. 이 사회가 문제지. 저 사람이 문제겠어?'라고 평가를 하기도 한다. 이 생각은 잘못된 것이며 문제의 본질을 파악하지 못하는 사람들이 이런 평가를 한다.

무조건적인 사랑을 실천한다며 저런 무자비한 공격자를 거두는 사람들도 있다. 하지만 그 결과 또 다른 범죄 사건만 만들게 되는 것을 우리는 보았다. 거둬들인 사람은 구원자 게이머인데 '살인마를 거두는 것만큼 확실한 구원이 있을까?'라는 생각을 한 것이다. 이들에게는 구원자가 될 수 있는 최고의 기회가 되는 것이다. 하지만 이들의 구원이 결국 범죄자의 추가 공격을 도운 꼴이 된다. 인권을 지킨다는 이유로 살인마를 공격자로 보지 말아야 한다고 주장하는 것도 또한 심리 게임이라고 볼 수 있다.

교도소에 있는 범죄자가 공격자에서 벗어나 구원자가 되는 방법이 있어 소개하려고 한다. 살인을 저지른 범죄자가 어느 날 교도소 내에 있는 교회를 나간다. 어느 순간 자신은 죄사함을 받았다고 주장을 한다. 그는 더 이상 공격자가 아니다. 죄사함을 받았으니 잘못을 인정할 대상이 사라진 것이다. 그래서 희생된 유가족이 왔을 때 "저는 죄사함을 받았으니 더 이상 저의 잘못을 말할 이유가 없습니다."라는 말을 한다. 죄를 지었지만 교회에 가 죄사함을 받았다고 하니 유가족 입장에서는 매우 분노하지 않을 수 없다. 자신이 저지른 죄와 기독교에서 말하는 죄를 구분하지 못했기 때문에 이런 일이 벌어지는 것인데, 범죄자 입장에서는 자신이 죄사함을 받은 것으로 알고 있으니 이보다 좋은 소식이 어디 있을까? 공격자가 확실한데 공격자가 아닌 것이 되었으니 이 또한 역할의 전환이 이루어진 것이다.

선후배 사이에서의 역할 전환

 선배와 후배가 어떤 대화를 나눴다. 후배는 어떤 서운함을 느꼈고 그것을 선배에게 이야기했다. 선배의 언행에 서운함을 토로하는 후배에게 선배는 "(황당하다는 듯이) 난 그런 뜻이 아니었는데? 네가 잘못 알아들은 거야!"라며 오히려 속상해 하는 후배를 탓한다. 후배는 선배가 공격자임을 말했지만 선배는 곧바로 후배에게 자신이 공격자가 아님을 말했고, 그렇게 받아들인 후배가 오히려 자신을 기분 나쁘게 만든 공격자라는 뉘앙스의 말을 전달했다.

 후배를 더 확실한 공격자로 만드는 선배는 다음과 같이 말을 할 것이다. "네가 잘못 알아듣고 지금 나에게 이렇게 말하는 거야? 나 정말 불쾌하다. 네가 어떻게 나한테 그렇게 말할 수 있어? 난 널 도와주려고 했는데, 그런 나를 이렇게 만들어?" 후배의 다음 반응은 어떻게 될까?

좋게 마무리 짓는 역할 전환

 모든 상황에서 좋게 이야기를 마무리 짓는 사람들이 있다. 어떤 갈등에 대해서 논쟁을 해야 할 때에도 이들은 적당히 대화를 마무리하려고 한다. '좋게'라는 단어가 있으니 그것이 꼭 좋은 것일까? 그렇지 않다. 이들은 문제 해결을 위해 더 깊게 나아가지 못한다. 이들은 이것이 습관이 되어 어떤 상황에 대해서 정확한 판단을 하지 못하게 된다. 그 사례를 보자.

A 아까 회의 시간에 보셨어요? 왜 자꾸 사람 말에 딴지를 거는지... C 때문에 너무 화났어요.
B 아, 아까 봤어요. 별일 아닐 거에요.
A 의견이 다르더라도 회의 시간에는 서로를 존중하며 발언을 해야죠. 너무 황당하네요. 제가 틀린 말을 한 것도 아닌데...
B 서로 오해가 있었던 것 같아요. 괜찮을 거에요. 기분 푸세요.
A 아니, 제가 뭘 잘못된 말을 했어요? 의견을 물어본 것뿐인데... 어떻게 생각하세요?
B 제 생각이요? 전 아무 문제 없다고 생각해요. 잊으세요.

A는 C에 대한 불만을 B에게 표현했다. 하지만 B는 그런 A의 의견에 동조를 하지 않고 아무 일도 아닌 것처럼 말을 한다. A는 B에게 C가 어떤 문제가 있는지를 듣고 싶어서 대화를 시작했는데 B로부터 C에 대한 어떤 비판도 듣지 못했다. 오히려 C의 편을 드는 것은 아닌가 하는 생각도 들게 만들었다. A는 B에게 괜히 말해서 자신이 뒤에서 욕하는 사람이 된 것 같아 기분이 찝찝해진다. A는 스스로 B에게 자신이 C를 공격한 공격자라는 것을 인증하게 된 상황이다.

뒷담화를 하는 A가 문제라고 할 수도 있지만 지금 여기에서는 B의 문제점을 말하려고 하는 것이다. B는 '난 늘 객관적이어야 해', '난 모든 이에게 공평해야 해'라는 강박에 사로잡힌 구원자 역할을 하는 사람일 수 있다. 심지어 그는 '이렇게 말해 주는 게 널 도와주는 거라고 확신해'라는 마음을 지니고 있을 수도 있다. B는 절대로 어떤 문제를 말하지 않을 것이다. 다른 사람이 보기에 B는 대화의 본질을 요리조리 빠져나가는 사람이자 대답하는 것을 회피하는 사람이다.

이와 비슷한 사례를 하나 더 보자.

A 제가 문서의 이 부분을 보니 내용에 오류가 있는 것 같아요.

B 맞는 내용일 텐데요. 이 책을 한번 보세요.

A 이 책의 내용은 이것을 ~~~한 것이고, 제가 말씀드린 부분은 분명히 틀린 것 같은데요. 제가 여러 사람에게도 물어봤는데 모두 다 틀렸다고 말을 하더라고요.

B 맞는 내용이에요. 제가 설명을 잘 하지 못해서 이해를 못시킨 것 같아요.

A 제가 말씀드린 내용이 무엇을 말하는 건지 이해가 되는 것 맞죠? 다른 내용에 대해서 말씀하시는 것 같아서요.

B 네. 긍정적으로 다시 살펴봐 주세요. 분명 맞을 거에요.

A 제가 더 살펴볼게요.

(며칠 후)

A 그때 말씀드렸던 그 내용 말이에요. 제가 틀렸다고 말씀드렸잖아요? 그거 틀린게 맞았어요. 당사자가 문서를 잘못 작성했다고 하더라고요.

B 네. 덕분에 서로가 공부를 더 하게 된 것 같습니다.

A (황당한 느낌으로) ...

B의 말을 보면 뭔가 답답함이 느껴질 것이다. A가 다시 생각을 할 수 있도록 여러 번 이야기를 했는데도 맞

다는 식으로 대화를 하고 있다. 마지막에 B가 해야 할 적절한 답변은 "제가 잘못 생각했었네요. 죄송해요. 덕분에 제가 정확하게 알게 되었네요."이다. B는 고집스럽게 자기가 원하는 결론을 만들고 있다. A가 그것을 다시 확인해서 잘못되었다는 것을 전달하니 게이머인 B 입장에서는 당황할 수밖에 없다. 자신의 문제가 있었던 것이지만 그것을 인정하고 싶지 않아서 서로가 함께 공부를 하게 된 것으로 답변을 했다. 이것은 서로가 서로에게 구원자라는 의미다. 하지만 B는 상대를 골탕 먹인 공격자이고 그것을 다시 확인하는 수고를 한 A가 구원자다. B가 어떻게 역할을 전환했는지 마지막 말에서 확인할 수 있다.

B는 A를 어떻게 생각할까? 일단 맞는 것을 계속 틀리다고 주장하는 부정적인 사람이다. 자신이 확인을 했는데도 계속 틀렸다고 하고, 심지어 주변 사람들에게까지 확인을 했으니 더 마음에 들지 않는 사람이다. B가 느끼기에 A는 자신의 생각이 틀렸다고 말하는 공격자가 된다. 며칠 후에 다시 나타나 그때 그것이 틀린 것이 확실하다고 또 이야기를 하니 또 공격을 하는 사람으로 보인다. 그 공격에 대해서 자신은 싸우고 싶지 않은 것처럼 말을 마무리했다. 서로 공부를 한 것 같다고 한 말은 "넌 지금 나한테 또 공격을 하지만 난

그냥 그것을 구원이라고 생각할게. 여기까지 이야기하자."라고 말하는 것이다. 그런데 이 생각은 B의 착각이다. A가 공격자가 아니라 자신이 공격자라는 것을 전혀 모르고 있다. B는 또 다른 사람과 만나더라도 이런 대화를 할 것이다.

사업에 끌어들일 때 사용하는 역할 전환

경제 상황이 좋지 못하다 보면 이상한 사업에 빠지게 되는 경우가 있다. "평생 남편이 버는 돈으로만 어떻게 살아! 너도 함께 벌어야 해. 그래야 노후를 준비할 수 있어."라며 전업주부에게 유혹의 말을 건넨다거나 "지금 회사를 다니고 있지만 언제까지 다닐 것 같나요? 일하지 않아도 저절로 돈이 들어오는 파이프라인을 만드세요."라며 회사를 잘 다니고 있는 사람들에게까지 손길을 뻗는다. 그들의 의도는 단 하나, '너도 잘살 수 있도록 내가 도와줄게'. 그들은 '구원자'가 되어 지인들에게 정말 좋은 기회가 있다는 것을 알려 준다. 그들의 말을 듣고 사업에 뛰어든 사람들은 초반에는 희망에 부풀어 있다가 어느 순간부터 '아차, 이게 아닌데...' 하는 자각을 하게 된다. 하지만 후회하기에는 이미 늦었고 투자한 돈은 상당 부분 사라졌다. 처음 설명을 들었던 것과는 다르게 진행이 되니 제안을 한 사람에게 이야기를 꺼내게 된다. 소개한 사람은 "이렇게 불만을 갖고 있으니 사업이 잘될 수 있겠어요? 안 되는 사람들은 다 이유가 있다니까!"라고 말을 한다. 이 말은 '난 널 도와줬는데 네가 잘하지 못해서 안 되는 거야.' 라는 의미다. '난 구원자인데 지금 구원자한테 공격을 하는 거야?' 라는 의미도 함께 내포하고 있다. 이런 방식의 전환은 특히 사기꾼들이 많이 사용한다. 물론 사업을 권유하는 사람 대부분이 사기꾼이라는 말은 아니다. 좋은 사업을 지인에게 소개하는 것은 좋은 정보가 된다. 이들은 정보를 필요로 하는 사람에게 확실히 구원자가 맞다. 하지만 이것이 아니라면 그들의 제안은 본인의 돈벌이를 위한 활동일 뿐이다. 이들은 구원자인 척하는 가짜 구원자들이다. 이들이 하는 말 중에서 역할을 전환하는 말은 다음과 같다.

"널 도우려고 했을 뿐이야. 네가 좀 더 열심히 했다면 너도 이 판에서 크게 성공할 수 있었을 텐데."
"괜히 나한테 왜 그래? 도와준 사람한테 이럴 수 있어? 적반하장이네?"

위의 말은 드라마 삼각형에서의 역할 전환이다. 이 전환을 잘 판단한다면 정확히 누가 나쁜 사람인지를 알 수 있다. 사기꾼은 적반하장의 모습을 보여주면서 상대에게 적반하장이라고 불만을 표현하는 사람들이다.

인생태도의 영향

희생자·공격자·구원자의 역할을 고집하는 사람들은 왜 그럴까? 앞에서 인생태도에 대해서 설명을 했다. 게이머는 자기의 인생태도를 재확인하기 위해서 심리게임을 한다. 각 역할에 해당하는 인생태도를 살펴보자.

박해자 : I'm OK, You're not OK
희생자 : I'm not OK, You're OK
구원자 : I'm OK, You're not OK

자기긍정$^{I'm\ OK}$이면서 타인부정$^{You're\ not\ OK}$의 인생태도를 가진 사람들은 '구원자' 또는 '공격자'가 될 수 있다. 타인에 대해서는 부정적인 태도를 갖고 있고 자신에 대해서는 긍정이기 때문에 자신이 타인을 도와주는 구원자 역할을 하거나, 타인의 잘못은 지적하고 혼내야 하는 공격자의 역할을 하는 것이다. 내가 원하지 않는 구원자와 공격자의 영향은 나에게 불쾌감을 준다. 왜냐하면 그는 나를 부정$^{not\ OK}$하고 있기 때문이다.

반대로 자기부정$^{I'm\ not\ OK}$이면서 타인긍정$^{You're\ OK}$의 인생태도를 가진 사람들은 '희생자'가 될 수 있다. 누군가의 도움이 필요한 사람이며, 일을 잘하지 못해 혼나는 모습을 보여준다. 이들은 타인으로부터 도움을 받음으로 '난 혼자 할 수 없는 사람이 맞네'라는 것과, 타인에게 혼남으로 '역시 난 안되나 봐'라는 것을 확인한다.

자기^{I}와 타인^{You}의 인생태도를 모두 긍정^{OK}으로 유지하는 것은 매우 중요하다. 부정$^{not\ OK}$이 하나라도 있게 되면 드라마 삼각형에서의 역할 전환을 하지 않아도 되는 상황에서 일방적으로 전환을 한다. 인생태도를 진단하고 부정$^{not\ OK}$의 점수를 낮추기 위해서 노력을 해야 한다. 현재 자신이 처한 환경을 생각해 봤을 때 부정$^{not\ OK}$을 긍정^{OK}으로 바꾸기 힘든 상황일 수도 있다. 그렇다고 아무 것도 하지 않으면 안 된다. 환경을 바꾸기 위한 노력이라도 해야 한다. 이런 노력을 하지 않는다는 것은 여전히 게이머로서의 삶을 살겠다는 것과 같다. 답은 간단하다. 어떻게 해야 하는지 알았다면 바로 실행을 하자. 행동으로 옮기는 용기가 필요하다.

4

상황별 심리게임 사례

직장

01. 그래도 어차피 제가 다 해야 해요   02. 나만 이렇게 걱정해야 하는 거야?   03. 그걸 왜 저희 팀에서 합니까?   04. 죄송합니다. 다음부터는 잘 할게요   05. 불안한 야자타임

부부

01. 이게 다 당신 때문이야   02. 누가 너보고 그걸 하라고 했어?   03. 별것 아닌 것 가지고   04. 나 안 할거야   05. 정신 나간 것 아냐?

시댁

01. 마음을 그렇게 몰라요?   02. 다 너 잘 되라고 하는 거야   03. 참 좋겠어   04. 해 준 돈이 얼마인데 그걸 못해?   05. 꼬박꼬박 말대꾸니?

친구

01. 내가 문제지 + 도움 필요하면 연락해   02. 음, 근데 ~ 않을까?   03. 나한테는 안 하더니, 서운하네요   04. 그렇구나. 그런데 너는 ~   05. 이것은 내가 더 잘 하잖아

자녀

01. 나 ~ 못하면 다 엄마 때문이야   02. 이런 말을 하는 내가 미쳤지   03. 내가 널 위해서 얼마나 노력했는데   04. 엄마 말을 들으면 자다가도 떡이 생긴단다   05. 내가 안 한다고 했잖아

직장

직장에서 벌어지는 심리게임을 살펴볼 것이다. 우리는 굉장히 많은 심리게임을 겪으며 살아가고 있다. 그렇다면 어디에서 가장 많은 심리게임이 벌어질까? 그것은 단연코 직장이라고 할 수 있다. 그 어느 곳 보다도 다양한 사람들이 모이는 곳이며 가장 많은 시간을 보내는 곳이기도 하다. 게이머에게는 그만큼 심리게임을 하기 좋은 곳이라고 말할 수 있다. 직장에서 벌어지는 대표적인 심리게임은 다음과 같다.

1. 그래도 어차피 제가 다 해야 해요
2. 나만 이렇게 걱정해야 하는 거야?
3. 그걸 왜 저희 팀에서 합니까?
4. 죄송합니다. 다음부터는 잘 할게요
5. 불안한 야자타임

1. 그래도 어차피 제가 다 해야 해요

일을 혼자서 떠맡는 것으로 유명한 홍대리의 이야기다. 그는 이번에 새로운 프로젝트를 맡게 되었다. 같은 부서 내 직원들은 홍대리의 일하는 방식 때문에 몸은 편할 수 있지만 마음은 항상 불편함을 느낄 수밖에 없다. 홍대리와 박주임과의 대화 내용을 보자.

박주임 어머, 대리님, 안색이 안 좋아요. 괜찮으세요?
홍대리 좀 피곤해서 그래요. 요즘 계속 일이 많아서 무리했어요.
박주임 대리님, 너무 무리하지 마시고 쉬엄쉬엄 하세요.
홍대리 맡은 일은 많고, 이번주까지는 다 끝내야 돼요.
박주임 혼자하시기 힘들면 저도 있고, 직원들과 업무를 분장해 주시면 어떠세요?
홍대리 그래도 어차피 제가 다 해야 돼요. 두 번 일하는 것보단 혼자 하는 게 낫죠.

홍대리는 혼자 묵묵히 일을 하고 퇴근했다. 다음날 오전, 출근을 하지 않은 홍대리가 회사로 전화를 했다.

홍대리 어제 밤 늦게까지 야근을 했더니 너무 힘드네요. 병원에서 링거 맞고 출근해야 겠어요.

박주임 홍대리님, 푹 쉬고 오세요. 제가 도와드릴 수 있는 업무는 저에게도 지시를 해 주세요.
홍대리 그럴 일은 없어요. 마무리까지 시간이 얼마 안 남았어요.

다음 날, 홍대리는 과로로 쓰러졌고 병원에 입원했다. 소문에 의하면 홍대리는 다음과 같은 말을 주위에 했다고 한다. "그 프로젝트는 나 혼자만 하고 있어. 다른 직원들은 할 마음조차 없어. 모두 이 프로젝트가 있다는 것을 알텐데 무관심해." 홍대리는 자신의 과로가 동료들의 무능과 무관심 때문이라고 말하고 있다.

하지만 홍대리의 일정을 자세히 들여다 보면 업무로 바쁜 것은 주 5일 중 2일 밖에 되지 않는다. 업무가 많다고 하지만 그는 자주 인터넷 쇼핑, 게임, 유튜브 시청으로 많은 시간을 보낸다.

여기에서 게이머는 홍대리다. 홍대리는 자신의 업무는 자신이 해야 한다고 주장을 하는 사람이다. 책임감이 강한 사람처럼 보이겠지만 그 책임을 나눠야 할 때에도 그렇게 하지 못하기 때문에 문제가 된다. 그는 주변 사람들에게 구원자가 되어달라고 말하지 못하는 사람이다. 항상 자신이 구원자가 되어야 하기 때문이다. 자신보다 능력이 뛰어난 사람이 나타난다면 도와달라고 하거나 조언을 구할 수 있지만 그는 절대로 그렇게 하지 않는다.

여기에서 홍대리의 인생태도가 자기긍정$^{I'm\ OK}$과 타인부정$^{You're\ not\ OK}$이라는 것을 예상할 수 있다. 이런 인생태도를 갖고 있는 사람은 주변 사람들과 관계가 좋지 않을 뿐만 아니라 자신도 크게 성장할 수 없다. 자기 혼자 잘난 줄 알겠지만 점점 주변 사람들이 떠나게 된다. 서로 돕는 관계를 만들지 않으면서 혼자 많은 일을 부담하고 있다고 생각하며, 스스로를 구원자로 여긴다. 홍대리는 자신이 회사에서 꼭 필요한 사람이며, 자신이 없으면 회사에 큰 일이 생길 것으로 생각한다. 자신을 항상 구원자로 만들기 위해서는 자신의 일을 절대로 또 다른 누군가와 협업해서는 안 된다. 과로를 하는 경우가 많지만 그 과로는 그가 원하는 삶의 결과일 뿐이다.

과로를 하다가 쓰러지게 되면 그는 구원자에서 희생자로 전환을 한다. 누군가 나타나 그 과로의 삶으로부터 벗어나라고 조언을 하더라도 그는 어떤 변화도 택하지 않을 것이다. 이 사람에 대해서 '헌신을 하는 사람', '일중독자'라고 단정하는 경우가 있는데 정확한 판단이 아니다. 그는 단지 '게이머'인 것이다. 이 사람은 두 번의 전환을 하는데 먼저는 스스로 구원자가 되는 것이고, 과로를 해 쓰러지게 되면 희생자로 또 전환을 하는 것이다.

이 게이머는 여기에 한 번 더 전환을 할 수도 있다. 자신이 보기에 열심히 하지 않는 동료에게는 "네가 회사에서 하는 게 뭐야? 아무런 도움도 되지 않고."와 같은 비판을 하는 공격자로 전환을 하는 것이다. 이것은 그 사람의 PAC에서 CP$^{비판적\ 부모}$가 높다면 가능하다. CP가 낮고 NP$^{양육적\ 부모}$가 높다면 공격자로의 전환은 잘 일어나지 않는다.

2. 나만 이렇게 걱정해야 하는 거야?

정팀장은 어떤 팀원에게도 좀처럼 만족하는 법이 없다. 그의 막무가내 스타일과 불도저급 일처리에 속수무책으로 상처를 입은 직원은 한둘이 아니었다.

지난주 정팀장은 팀원 A에게 그가 하기에 다소 무리가 될 수 있는 업무를 지시했다. A는 그동안 해 오던 일이 아니라서 잘 해낼 자신이 없다고 여러 번 이야기를 했다.

A 팀장님, 제가 그동안 해 오던 일과는 많이 달라요. 생소

한 분야라 솔직히 잘 해낼 자신이 없습니다.
정팀장 요즘 세상에 가장 필요한 게 뭔지 알아? 멀티플레이어가 되는 거야. 이 과제를 하고 나면 자네의 역량은 크게 향상될 거야.

A는 거절을 할 수 없었고 결국 그 일을 울며 겨자 먹기로 받게 되었다. A는 나름대로 최선을 다해 업무에 임했으나, 중요한 서류 작업에 실수를 저질렀고 출고하기로 한 물건의 생산 일정을 맞추지 못했다. 정팀장은 화가 많이 났고, A에게 비난을 퍼붓게 되었다.

정팀장 지금 이럴 때야, 문제가 생겼다는 보고를 하기 전에 생산 업체에 가서 무릎이라도 꿇어야 하는 것 아냐? 이 따위로 일을 하니까 문제가 발생하는 것 아냐. 자네 때문에 내가 이 일을 위에 어떻게 보고를 해. 지금도 자네 표정을 보면 아무런 생각이 없는 것 같아. 나만 이렇게 걱정해야 하는 거야? 처음부터 하지를 말던가. 이게 뭔가.

정팀장은 A의 이번 실수 외에도 기존에 했던 업무들과 평소의 인사성까지 들먹여 가며 A에게 불같이 화를 냈다.

일단 화를 내는 것으로 보아 CP[비판적 부모]가 높다는 것을 알 수 있다. NP$^{양육적\ 부모}$가 높은 사람의 모습은 아니다. 인생태도는 자기긍정$^{I'm\ OK}$, 타인부정$^{You're\ not\ OK}$이다. 「그래도 어차피 제가 다 해야 해요」 게임의 인생태도와 같다. 하지만 「나만 이렇게 걱정해야 하는 거야?」 게임이 더 기분 나쁜 이유는 CP의 사용 때문이다. 정팀장은 자신의 CP를 써서 상대를 비판하는 것이 목적이다. 그래서 처음부터 일처리를 잘 하지 못할 A를 선택한 것이다. 정팀장은 A가 잘 하지 못한 결과를 통해 타인부정$^{You're\ not\ OK}$을 확인하고, 역시 자신이 해야 가능하다는 자기긍정$^{I'm\ OK}$을 확인하고 싶었던 것이다.

정팀장에게 A는 공격자가 되었다. 위에 보고를 하면 결국 정팀장 자신이 혼나게 되기 때문이다. 그럴 의도가 없었더라도 A는 정팀장을 혼나도록 만든 공격자가 되었고 정팀장은 자연스럽게 희생자가 되었다. 정팀장은 자신을 희생자로 만드는 것에서 끝나는 것이 아니라 다시 A에게 공격을 함으로 희생당한 것을 갚는다. A는 원래 하고 싶지 않았던 일인데 결과적으로 혼나는 상황에 직면하게 된다. A의 인생태도는 원래 자기부정$^{I'm\ not\ OK}$일 가능성이 있다. 자신은 원래 일을 잘 못하는 사람인데 정팀장의 지시를 통해서 그 모습을 다시 확인하게 되었다. 그래서 정팀장과 같은 타인부정$^{You're\ not\ OK}$의 사람과 A와 같은 자기부정$^{I'm\ not\ OK}$의 사람이 연결되어 이런 결과를 만드는 경우가 많다.

정팀장은 일을 잘할 사람을 선택하지 않고, A는 거절하지 못하고 그 일을 한다고 해놓고 실제로 잘하지 못한다. 이들이 일하는 회사의 성과는 어떻게 되겠는가? 그래서 게이머를 선별하는 것은 매우 중요하다. 이들의 인생태도가 변하지 않는 이상 그 어떤 교육도 성과를 높이지는 못할 것이다.

3. 그걸 왜 저희 팀에서 합니까?

회사 내에서는 여러 가지 문제가 발생할 수 있다. 그것을 해결하기 위해서 각 분야의 담당자에게 도움을 요청하게 되는데 그것이 생각보다 쉽지 않다. 어떤 갈등이 일어날 수 있는지 그 사례를 보자.

진희 안녕하세요. 대리님, 이번에 조직원들의 의견을 수렴해 보니 '지원시스템이 조금 더 개선되면 좋겠다'라는 이야기가 많이 나왔어요. 함께 좀 봐주셨으면 해서 지원팀에 문의드립니다.

박대리 네? 그건 저희 팀 보다는 기획팀에서 해야 하는 일 아닌가요? 잘못 찾아오신 것 같은데요.

진희 누가 봐도 이 팀에서 도와 주셔야 하는 일인 것 같은데요. 저 뿐만 아니라 다른 분들도 다 그렇게 생각하셔서 여기에 문의드리는 거에요.

박대리 아니 그걸 왜 저희 팀에서 합니까? 그걸 할 수 있는 인력도 없어요. 사실 매번 다른 분들도 그런 식으로 저희 쪽에 문의를 해서 저희 팀은 너무 힘듭니다. 이건 따로 알아 보셔야 할 것 같네요.

진희 아... 알겠습니다...

박대리 (모두 다 왜 그래? 모두 내가 힘든 것은 생각하지 않는거야? 다 이기적이야. 도와주면 고마운 줄은 모르고 일만 더 떠넘긴다니까!)

회사 내에 자신이 해야 할 일일지라도 늘 거부하는 사람들이 있다. 이들의 명분은 두 가지다. 첫째는 그것이 자신의 업무가 아니기 때문에 자신에게 잘못 찾아왔다고 하는 것, 둘째는 다른 사람들도 자꾸 이런 식으로 일을 시키니 너무 힘들다는 것이다. 현재 박대리의 말을 봐도 이 두 가지를 언급하고 있다. 물론 업무가 좀 더 많이 몰리는 부서가 있을 수 있다. 주변에서 "요즘 힘들지? 내가 봐도 참 힘들 것 같아. 내가 밥 한 번 살 게. 힘내라고."라는 식으로 위로를 해 주는 경우가 있지만, 그런 위로는 전혀 없고 계속 업무를 떠맡긴다면 위의 사례처럼 갈등의 대화는 수시로 발생할 수 있다.

여기에서의 문제는 업무를 가져다준 사람이 아니라 회사의 시스템이다. 박대리는 그 일이 과중되지 않도록 절차에 따라 개선을 하면 된다. 그렇지 못하니 주변의 도움 요청에 구원자가 되지 못하고 있다. 박대리는 자신에게 도움을 요청하는 사람들 모두가 공격자로 보이기 시작한다. 그래서 '제발 날 공격하지 마세요'라는 식으로 표현을 하는 것이다. 하지만 주변의 요구는 공격이 아니다. 진희가 박대리를 찾아가서 도움을 요청했을 때 박대리의 거부 발언을 듣고 황당해할 수 있다. 박대리가 구원자가 되어야 하는데 그렇지 못했고, 진희를 공격자 취급했기 때문이다.

이런 심리게임은 원래 게이머가 아닌 사람도 과도한 업무로 인해 할 수 있다. 주변 환경이 심리게임을 쓰게 만드는 것이다. 이 점은 '스트로크'와 '시간구조화'의 내용을 통해서도 알 수 있다. 친교와 활동의 긍정스트로크를 얻을 수 없는 상황이 계속 반복되니 부정스트로크인 심리게임을 하는 것이다. 이 말은 나 또한 비슷한 상황이 펼쳐지면 심리게임을 할 수 있다는 것을 의미한다. 잠시 생각해 보자. 너무 바쁜 상황인데 누군가가 계속 부탁을 한다면 당신은 어떤 심리상태가 될까?

4. 죄송합니다. 다음부터는 잘 할게요

 당신의 팀에 자주 지각을 하는 사람이 있다면 당신은 어떻게 하겠는가? 처음에는 부드럽게 경고를 하겠지만 그래도 반복적으로 지각을 한다면 나중에는 화를 내게 될 것이다. 아래의 이야기를 살펴보자.

(월요일)

김차장 오늘 지각했죠?
이주임 죄송합니다. 다음부터는 절대로 늦지 않을게요. 오늘 아침에 급한 일이 생겨서요.

(수요일)

김차장 오늘 또 지각했죠?
이주임 정말 죄송합니다. 오늘 교통이 많이 막히더라고요. 다음부터는 이런 일 없을 거에요.

(금요일)

김차장 오늘도 지각했네요. 금주에 벌써 세 번이나 지각이에요. 지각하지 않겠다고 한 말은 다 거짓말이네요? 어떻게 생각해요?

 지각을 한 다음에 꼭 죄송하다는 말을 하기 때문에

뭐라고 하기도 그렇다. 그런데도 지각이 점점 반복된다. 벌써 일주일에 세 번이나 지각을 했다. 그에게 싫은 소리를 하는 것이 효과가 있을까 의문이 든다.

이주임은 그 다음주에 지각하지 않고 잘 나올 수도 있다. 그런데 그 주만 그럴 가능성이 크다. 이어서 또 지각을 하기 시작할 것이다. 쓴소리를 하면 또 "죄송합니다."라고 할 것이다. 도대체 이 직원은 무엇이 문제일까? 초반에 너무 느슨하게 질책한 것이 문제일까? 심하게 질책을 한다고 그가 고칠까?

늘 '죄송하다'를 입에 달고 사는 사람들이 있다. 이들은 비단 직장 뿐만 아니라 친구 사이에서도 '미안해'라는 말을 자주 한다. 우리가 알아야 하는 점은 이들은 '죄송하다'는 말을 할 수밖에 없는 사람들이라는 것이다. 왜냐하면 그들은 지각하는 습관을 고칠 수 없기 때문이다. 그들은 반복적으로 지각을 함으로 자신의 인생태도를 확인하고 있는 것이다. 자기부정$^{I'm\ not\ OK}$ 즉, 자신은 제 시간에 출근을 할 수 없다는 것을 매번 보여주는 것이다. 혹자는 이 점에 대해서 의문을 가질 수 있다. 아니, 어떻게 제 시간에 출근을 하지 못한단 말인가? 아침에 더 일찍 일어나 출발하면 가능한 일이지 않은가. 하지만 이 게이머는 그렇게 할 수 없다. 그렇게 할 수 없는 사람이 있다는 것을 인정하자. 이들은 마음에서부터 '난 제 시간에 출근을 할 수 없어'를 확정하고 있다. 그래서 지각을 반복적으로 하는 사람을 매번 혼쭐낸다면 혼내는 사람의 성격만 나빠진다. 반복적으로 실수하는 사람이 있다면 '아, 이 사람은 자기부정$^{I'm\ not\ OK}$이구나. 분명 또 지각할텐데'라고 판단하자. 그리고 그를 고치려는 생각에 너무 괴로워하지 말자.

이 게이머가 주로 쓰는 게임으로 「날 차버려$^{Kick\ me}$」 게임이 있는데, 처음에는 잘 할 것처럼 말을 하지만 계속 못함으로 상대가 자신을 차버리게 만든다. 우연한 실수가 아니라 원래 잘하지 못하는 사람인데 그를 잘 몰라서 잘할 사람으로 오해를 한 것뿐이다. 이런 게이머의 '죄송합니다'를 자기 실수에 대한 빠른 인정으로 해석하고 신뢰해서는 안 된다. 교류분석을 아는 사람이라면 그의 말을 듣고 '나 앞으로 계속 심리게임을 할테니 잘 지켜봐 주세요'라는 말이라는 것을 빠르게 눈치챌 수 있다.

교류분석을 알지 못하는 사람에게 이들의 '죄송합니다'의 의미를 알려 주면 받아들이지 못한다. 대부분의 사람들은 자기부정$^{I'm\ not\ OK}$의 인생태도를 갖고 있는 사람들이 있다는 것 자체를 생각하지 못한다. 그래서 이들에 대한 교류분석적 판단이 사람들을 너무 빼딱하게 보는 것 같아 거부하기도 한다. 그래서 무모한 기대를 하고 또 그에게 기회를 준다.

5. 불안한 야자타임

종종 기분 좋은 회식 자리에서 서로의 관계를 좋게 만든다는 목적으로 야자타임을 하는 경우가 있다. 그런데 처음의 취지와는 다르게 분위기가 좋지 않게 되는 경우가 있다. 그 사례를 살펴보자.

오부장 오늘 회식 자리에서 좋은 대화가 많이 오고 갔으면 좋겠어요. 전 여러분과의 격을 좀 없애고 싶은데, 야자타임 한번 할까요?
조직원1 와, 역시 우리 부장님은 다르십니다. 그럼 누가 먼저 시작할까요?
조직원2 제가 먼저 하겠습니다. (곧바로 부장님에게 삿대질을 하며) 야! 너 그런 식으로 매번 일 시킬거야?
일동 ………
조직원2 다들 말을 안 해서 그렇지, 우리가 널 얼마나 싫어하는 줄 알아? 상식적이지 않은 일들 좀 작작 시켜라. 얼마나 힘든 줄 아니?

조직원1 (조직원2에게 귓속말로 조용히) 이건 좀 아닌 것 같아. 멈추는 게 좋겠어. 이러다가 큰 일 날 것 같은데.
조직원2 에이, 오부장이 먼저 하자고 했는데 뭘! 이해하지? 오부장?
오부장 으흠.........

일터에서는 가끔 획기적인 아이디어를 내거나 통통 튀는 행동을 하며 조직 내에 즐거움을 주는 이들이 한 명 정도는 있게 마련이다. 문제는 이들의 행동이 조직 내에서 불편함을 유발하는 경우가 있다는 것이다. 회식 자리에서 오부장의 야자타임 제안은 사실 어린 후배들과 잘 지내는 윗사람의 모습을 보여주고자 하는 의례적인 멘트일 수 있다. 우선 조직원1은 이 위험한 야자타임의 문을 열었다. 조직원1의 말에는 아무런 문제가 없다. 문제는 조직원2다. 그는 바로 야자타임을 실행에 옮긴 사람이다. 조직원2의 삿대질 행동, '야'로 시작하는 불평은 자신을 제외한 모두에게 불편함을 준다. 조직원1이 귀띔을 해 줬지만 조직원2는 여전히 상황 파악을 하지 못하고 있다.

오부장과 조직원2의 드라마삼각형을 살펴보자. 오부장은 자신이 먼저 야자타임을 하자고 함으로 조직의 관계를 좋게 만들기 위한 구원자의 역할을 했다. 그가 예상한 반응은 "오부장이 잘 이끌어 줘서 우리부서 성과가 좋은 거잖아. 고마워."처럼 조직원들의 오부장에 대한 칭찬일 것이다. 그러면 오부장은 "아니야. 자네들이 잘 했으니 그렇지."와 같이 구원자가 아님을 겸손하게 말할 것이다. 이렇게 되는 것이 가장 이상적인 야자타임이다.

하지만 일부 사람들은 이때 다른 방식으로 말을 이어 나간다. 야자타임을 하자는 오부장의 제안을 "나한테 불만이 있으면 한번 다 말해 봐. 내가 절대로 뭐라고 하지 않을게. 뒤끝도 없을테니 걱정하지마."로 받아들이는 것이다. 조직원2가 딱 그런 사람이다. "너 때문에 우리가 얼마나 힘든 줄 알아?"라는 말을 해서는 안 된다. 이것은 오부장이 그동안 공격자였고 조직원 모두 희생자였다고 말하는 것과 같다. 오부장이 언짢아 하는 것은 매우 당연하다. 오부장은 구원자가 되기 위해 말을 꺼냈다가 졸지에 그동안 공격자였다고 비판의 소리를 듣게 되었다.

조직원2의 PAC도 분석해 보자. 그는 상황 파악을 하지 못하고 있다. 이것은 주로 아이들에게서 볼 수 있는 모습이다. 성인이라면 눈치껏 생각하고 적절한 말을 할 수 있다. 그는 FC$^{자유로운\ 아이}$와 CP$^{비판적\ 부모}$로 오부장을 비판하고 있다. NP$^{양육적\ 부모}$가 높다면 저렇게 말을 하지는 않았을 것이다. 그리고 A^{어른}가 높다면 야자타임에서 FC를 사용하지 않았을 것이다. A를 사용했다면 '여기에서 FC를 쓰면 분명 실수를 하게 될 거야. 하고 싶은 말이지만 절대로 하지 말자. 큰일이 날 수 있어. 저번에도 이런 상황이 있었잖아' 처럼 생각을 할 수 있으며, FC 사용을 자제하게 된다.

조직원2와 같은 사람을 우리는 보통 '분위기 파악을 못하는 사람'이라고 말한다. 누군가 그의 이런 점을 지적했을 때 그것을 불쾌하게 생각해 다음과 같이 공격을 하기도 한다. "농담도 못해요? 그걸 그렇게 받아들여요? 그리고 제가 하고 싶은 말도 못해요?" 조직원2에게는 조언도 함부로 해서는 안 된다.

부부

부부는 직장 동료나 친구보다 더 많은 대화를 하는 사이다. 그리고 부부만이 할 수 있는 대화가 따로 있다. 사랑으로 결혼을 했다고 하지만 싸우게 되는 일이 많은 것도 그런 특수한 관계이기 때문이다. 부부 사이에서 벌어질 수 있는 심리게임으로는 다음과 같은 것들이 있다.

1. 이게 다 당신 때문이야
2. 누가 너보고 그걸 하라고 했어?
3. 별것 아닌 것 가지고
4. 나 안 할거야
5. 정신 나간 것 아냐?

1. 이게 다 당신 때문이야

남편은 월차를 써서 쉬는 날이었고, 아내는 출근을 해야 하는 상황이었다. 남편은 느긋하게 늦잠을 잘 수도 있었지만 아내가 늦을까봐 그녀의 출근을 도와주고 있었다. 아내는 남편에게 전철역까지 태워달라고 요청했다. 남편은 아내를 전철역까지 차에 태워 데려다주게 되었다.

아내 이쪽으로 가면 길이 막히니 저쪽으로 돌아가.
남편 돌아가는 시간이면 신호 대기도 있고, 그냥 가는 게 나을 것 같은데.
아내 골목길로 가면 빨리 갈 수 있으니 우회전을 하라니까.
남편 (우회전을 해 골목길로 가다가 접촉사고가 남)
아내 (불같이 화를 내며) 운전을 그렇게 하면 어떡해. 이럴 거면 혼자 가는 건데. 사고도 내고, 당신 때문에 지각까지 하게 됐잖아. 나 지각하면 당신 때문이라고.

아내는 황당해 하는 남편을 두고 차에서 급히 내려 전철역으로 향했다. 남편은 아내의 말에 황당하고 화도 났지만 아내가 가버렸으니 뭐라고 할 수 없었다. 남편은 아내의 출근을 도와주다가 갑자기 아내를 지각하게 만든 사람이 되었다. 이런 상황은 이전에도 벌어진 적이 있을 것이다. 남편이 그런 아내를 또 도와준 이유는 아내의 구원자 요청을 거절할 수 없었기 때문이다. 거절을 하게 되면 자신이 공격자가 되는 것 같은 기분이 들기 때문이다.

문제는 접촉 사고가 벌어진 상황에서 일어났다. 아내는 남편을 걱정하는 것보다 자신을 지각하도록 만든 것에 대해서 더 예민하게 반응했다. 즉, 아내는 자신을 희생자로 여긴 것이다. 그에 대해서 남편은 공격자가 되었다. 하지만 진짜 희생자는 남편이다. 남편은 구원자가 되어 도움을 주려고 했다가 졸지에 아내의 전환으로 인하여 공격자가 되어 버렸다. 남편에게는 그럴 의도가 전혀 없었고 접촉 사고는 우연히 일어난 것이기에 아내에게 그렇게 판단할 합리적인 근거는 없었다. 도와주다가 오히려 욕을 먹게 될 수 있으니 아내와 같은 게이머를 돕는 것은 주의해야 한다.

아내의 인생태도는 자기긍정$^{I'm\ OK}$, 타인부정$^{You're\ not\ OK}$이다. 그래서 남편이 운전을 할 때 자신이 원하는 길을 계속 주장했고 남편이 의견을 펼쳤을 때에는 그 방법을 인정하지 않았던 것이다. 남편이 접촉사고를 일으켰을 때 아내는 "거봐. 당신이 하는 일이 그렇지. 운전 하나 제대로 못해서 나 지각하게 만들어?"와 같은 의미의 말을 해 남편을 무시했다. 비판을 거침없이 하는 것으로 보아 CP$^{비판적\ 부모}$가 높다는 것도 알 수 있다.

남편은 NP$^{양육적\ 부모}$가 더 높은 사람 같아 보인다. 왜냐하면 아내의 부탁을 거절하지 못했기 때문이다. 결국 '남편 탓'으로 끝나는 대화를 하게 될 가능성이 크다. 주변에서 이런 부부를 보고 "남편은 아내의 부탁을 왜 거절하지 못하지? 또 해주겠다고 하고 결국 자기 잘

못으로 만들잖아, 답답해."라고 말할 수도 있다. 하지만 남편은 여전히 거절하지 못하고 매번 동일한 선택을 한다. 아내와 남편 모두에게 이런 모습은 각본이 된 것이다. 아내는 남편에게 부탁을 하고 남편이 그 부탁을 잘 들어주지 못하면 남편을 비난하는 각본을, 남편은 아내의 부탁을 거절하지 못하고 들어주다가 문제가 생기면 자기가 욕을 먹는 각본을 이어 나가고 있다. 아내가 게이머라는 것은 이미 예상을 했을 것이다. 남편 또한 게이머일 수 있는데 그것은 각본처럼 매번 동일하게 아내의 부탁을 거절하지 못하는 것이 그렇다. 남편은 아내의 부탁을 들어주지만 문제가 발생해 아내에게 만족할 결과를 주지 못할 때 '역시 난 안 되나봐'처럼 자기부정$^{I'm\ not\ OK}$의 인생태도를 확인한다. 그런 점에서 이 두 게이머는 서로 상대에게 심리게임을 하고 서로 원하는 결과를 얻는다. 아내와 남편의 인생태도는 다음과 같다.

아내 : I'm OK, You're not OK
남편 : I'm not OK, You're OK

아내는 자신이 옳고 타인은 틀렸다고 생각하며, 남편은 타인은 옳고 자신은 틀렸다고 생각한다. 이 둘은 서로 자신의 인생태도대로 말을 하지만 그것이 상대의 욕구를 채우게 된다. 그래서 이 부분은 앞으로도 동일한 대화를 반복할 가능성이 크다. 이들의 PAC는 다음과 같다.

아내 : CP
남편 : NP

자신이 옳고 타인이 틀린 경우 그 타인을 비판하기 위해서는 CP$^{비판적\ 부모}$가 높아야 하며, 거절을 잘 하지 못하는 사람은 NP$^{양육적\ 부모}$가 높아서 항상 자신이 혼나는 것으로 대화를 마무리한다. 여기에서 우리는 그 사람의 성격까지도 예상을 할 수가 있다.

자기긍정$^{I'm\ OK}$, 타인부정$^{You're\ not\ OK}$, CP$^{비판적\ 부모}$가 높은 사람은 남을 잘 비판한다. 우리는 이런 사람을 '주장이 센 사람', '불평이 많은 사람', '말을 강하게 하는 사람'이라고 말한다. 자기부정$^{I'm\ not\ OK}$, 타인긍정$^{You're\ OK}$, NP$^{양육적\ 부모}$가 높은 사람은 거절을 잘 하지 못하기 때문에 '착한 사람', '우유부단한 사람', '주장이 없는 사람'이라고 말한다.

2. 누가 너보고 그걸 하라고 했어?

맞벌이를 하는 가정은 아침이 전쟁터와 같다. 각자 자신의 출근 준비도 해야 하고 아이가 학교에 가는 것도 챙겨야 하기에 서로 예민해질 때가 많다. 그때 벌어질 수 있는 사례를 살펴보자.

아내 오빠, 지후 알림장에 써 있는 숙제 챙겼지? 우리 지금 빨리 나가야 해!
남편 어제 저녁 네가 보지 않았어? 그런 건 엄마가 챙겼어야지.
아내 오빠, 지금 뭐라고 했어? 지후 숙제 챙기는 건 오빠가 좀 해 주면 안 돼?
남편 다른 집 봐봐. 아이들 숙제는 보통 엄마가 책임지고 챙긴다고. 자기가 안 해놓고 왜 나한테 화를 내?
아내 내가 놀아? 회사 다녀, 대학원 다녀, 살림도 하고 애도 챙기고 있다고! 같이 좀 해 주면 안 돼?
남편 누가 그걸 다 하라고 했어? 네 삶에 우선순위가 뭐니? 아이보다 다른 것들이 더 중요해?
아내 ....

위와 같은 갈등의 대화를 겪는 맞벌이 부부가 많을 것이다. 이 부분은 이전에도 비슷한 대화를 아침마다 여러 번 했을 것이다. 그리고 앞으로도 비슷한 주제를 가지고 싸울 것으로 예측이 된다. 그 이유는 둘 다 반복되는 심리게임을 통해 각자의 스트로크를 채우고 있기 때문이다.

 남편과 아내 둘 다 게이머라고 할 수 있다. 원래 게이머가 아닐지라도 이런 상황이 되면 누구나 쉽게 위 사례처럼 심리게임을 하게 될 가능성이 있다. 그래서 많은 부부들이 공감하는 사례일 것이다.

 아내는 전형적인 '슈퍼맘 콤플렉스'를 가지고 있는 것으로 보인다. 아내는 가정에서 자신이 구원자의 역할을 하고 있다고 생각한다. 어느 정도는 맞는 말이다. 하지만 자신이 구원자를 하고 있다는 생각 때문에 불만의 대화가 일어날 수 있다는 점을 주의해야 한다. '나 아니면 우리 가정이 돌아가지 않아' 또는 '내가 이렇게 힘들게 일하는데 가족은 알아주지 않는다니까' 처럼 생각할 수 있다. 자신을 주변에서 인정해 주지 않으면 자신이 희생자가 되었다는 생각에 매우 상심을 하게 되고, 때로는 주변에 공격적인 말을 하기도 한다. 하지만 가족들이 보기엔 가정에 우선순위를 두지 않고 자신이 원하는 일을 하는 것처럼 보인다. 이런 상황에서 가족 구성원 모두는 서로 자신이 희생자가 되었다는 생각을 하게 될 수밖에 없다.

이들의 인생태도는 서로 자기긍정$^{I'm\ OK}$, 타인부정$^{You're\ not\ OK}$이다. 이때 이들의 고정관념이나 편견도 함께 작용을 할 수 있다. 아내의 경우 '남편은 늘 나에게 모든 것을 맡긴다. 모든 남편들이 다 그렇다.'라는 고정관념을, 남편의 경우 '여자는 가사를 우선순위로 두어야 한다. 다른 가정도 모두 그렇다.'라는 고정관념을 보여줄 수 있다. 이런 대화는 P가 A를 오염시켰을 때의 모습이다. A의 판단을 P가 하게 되면 객관적인 판단보다는 자신이 평소에 생각하고 있던 주관적인 것을 상대에게 비판적으로 주장하게 된다. 전통적으로 우리는 남편과 아내의 역할에 대해서 어느 정도 고정관념을 갖고 있을 수 있다. 그동안의 세월이 그런 것을 만든 것은 사실이다. 하지만 시대가 바뀌고 산업의 구조가 바뀜으로 서로의 역할도 많이 바뀌고 있다는 것을 생각해야 한다. 그렇지 않으면 서로 편견만 이야기할 뿐 해결되는 것은 전혀 없다.

부부가 서로에 대해서 어느 정도 불만을 갖고 있다가 다른 부부의 이야기를 듣고 바로 해결되는 경우도 있다. 그것은 다른 부부들도 '똑같이 살고 있다는 점'과 '더 심한 부부의 모습'을 알게 되었을 때다. 부부라는 관계에서는 어쩔 수 없이 벌어질 수밖에 없는 현실을 알게 되거나, 나의 배우자는 그래도 열심히 노력하고 있다는 것을 알게 될 때 배우자에 대한 불만을 내려놓게 된다. 이것은 나의 배우자가 공격자가 아니라 구원자로서 노력을 하고 있다는 것을 알게 되는 것과 같다. 배우자에 대한 나의 부정$^{\text{not OK}}$을 삭제하는 것이다.

3. 별것 아닌 것 가지고

 쓰레기 분리수거를 하긴 하는데 어떻게 처리를 해서 버리느냐에 따라 부부간에 말다툼이 있을 수 있다. 아예 분리수거를 하지 않는 사람이 더 문제라고 할 수 있지만 함께 분리수거를 하는 과정 가운데 벌어지는 심리게임으로 인해 더 기분이 상할 수도 있다. 그 사례를 살펴보자.

아내 여보, 10년이 지나도 이 버릇이 고쳐지지 않는 이유는 뭘까?
남편 또 뭐가 문제야? 아침부터 바쁜 사람 붙잡고 왜 그러는 건데?
아내 맥주를 먹고 물로 헹구지 않으면 어떡해? 재활용품 보관통이 더러워졌잖아. 왜 매번 이렇게 물로 씻지 않고 그냥 넣어 두는 거야? 당신 때문에 늘 초파리가 베란다에 가득하잖아.

남편 초파리가 어디 있다고 그래? 별것 아닌 것 가지고 아침부터 이럴꺼야?

아내 당신이 잘못해 놓고 나한테 왜 화를 내? 도대체 10년을 같이 살면서 이런 당연한 이야기를 언제까지 해야 하는 거냐고!

남편 에잇, 그만 얘기 해! (나가 버린다)

 이 사례는 결혼한 사람이라면 격하게 공감할 만한 내용일 것이다. 오랜 기간 동안 고쳐지지 않는 배우자의 모습을 보면 습관이라는 것이 참 바뀌기 힘들다는 것을 다시 한번 확인하게 된다.

 그렇다면 아내는 고쳐지지 않는 남편에게 왜 자꾸 요구를 할까? 10년 동안 함께 지내면서 남편의 습관이 고쳐지지 않았다면 그에게 고칠 생각이 없다는 것도 생각을 해봐야 한다. 혹자는 아내가 지금 남편에게 「너 딱 걸렸어」 게임을 쓰고 있다고 생각할 수 있다. 물론 딱 걸린 것은 맞다. 맥주를 마시고 그 용기를 물로 씻지 않아 초파리가 생겨 가족들에게 불편을 주었으니 아내는 남편을 비판할 수 있다. 만약 아내가 남편에게 이와 비슷한 행동을 자주 했다면 「너 딱 걸렸어」 게이머로 확정을 할 수도 있지만 이 사례 하나만 가지고 아내를 게이머라고 하기엔 무리가 있다.

아내가 게이머가 아닌 것으로 가정을 해 보자. 그렇다면 게이머는 남편이다. 아내가 충분히 남편에게 불만을 표현할 수 있는 상황이다. 아내가 보기에 남편은 공격자다. 아내는 초파리로 불편을 겪었기 때문에 남편에게 잔소리를 할 수 있다.

남편은 왜 자신의 잘못된 습관을 고치지 않을까? 귀찮아서 그런 것도 있지만 아내의 말을 들을 생각이 없는 것일 수도 있다. 남편의 인생태도는 자기긍정$^{I'm\ OK}$, 타인부정$^{You're\ not\ OK}$인데, 그 타인^{You}이 여자일 수 있고 여기에서는 아내일 수 있는 것이다. 남자는 쓰레기를 버릴 뿐이지 세세한 처리를 하는 것은 여자의 몫이라고 생각하는 사람일지도 모른다. 이런 편견은 평생 동안 고쳐지지 않고 끊임없이 여자인 아내를 힘들게 할 것이다.

이 사례에서 전환은 어느 대화일까? 남편이 말한 "별거 아닌 것 가지고 아침부터 이럴꺼야?"이다. 아침부터 아내가 남편에게 시비를 거는 것이 문제가 아니라 초파리가 있도록 원인 제공을 남편이 문제다. 그런데 남편은 아내가 공격한 것만 생각하고 있으니 아내는 적반하장인 남편의 모습에 화가 나는 것은 매우 당연하다.

이런 상황에서 어떻게 대처를 해야 동일한 말다툼이

벌어지지 않을까? 남편에게 잔소리를 하면 잘못된 습관이 고쳐질 수 있다는 생각을 포기하고 아내가 치우는 수밖에 없다. 물론 이상적인 해결책은 아니다. 하지만 고치지 않는 남편과 말싸움하는 것은 피할 수 있다. 또 다른 방법으로는 초파리가 발생한 것을 그냥 내버려 두는 것이다. 남편에게 이 문제의 원인이 자신에게 있다는 것을 알게 하는 방법인데 아내는 인내심을 갖고 버텨야 한다. 보통은 아내가 포기하고 그냥 청소를 한다. 하지만 마음 속의 응어리도 함께 자라게 된다.

4. 나 안 할거야

이번 게임은 게이머가 자신의 잘못을 고칠 생각이 전혀 없다고 직접 말한다. 상대는 어처구니가 없어 계속 의견을 말해 보지만 바뀌는 것은 전혀 없다. 위 3번의 '별 것 아닌 것 가지고'의 사례보다 더 심한 게이머라고도 할 수 있다. 그 이야기를 살펴보자.

남편 설거지 하기 편하게 그릇에 물을 부어 놓으면 안 돼? 내가 매번 이야기하잖아. 당신이 설거지 하지 않으면 물을 부어 놓는 정도는 할 수 있는 거 아니야?

아내 나 힘들어.

남편 청소도 안 하고 설거지도 안 하고... 다른 집 같았으면 같이 못 살아.

아내 나 친정에 갈거야.

남편 됐다. 그만 대화하자.

이 사례에서 아내는 남편의 말을 전혀 듣고 있지 않다. 부부는 서로 청소와 설거지를 도울 수 있는 관계여야 하지 않을까. 하지만 아내는 툭하면 삐치기 때문에 남편이 거의 희생하면서 집안일까지 하고 있다. 다 먹은 그릇에 물을 부어 설거지하기 편하게 해달라고 하는 요구는 그리 어려운 것이 아니다. 하지만 한 번도 그 부탁을 들어주지 않는다. 앞에 초파리의 사례와 다른 점이 있다. 초파리의 사례에서는 남편이 맥주 용기를 씻지 않는 점이 문제였지만, 지금 이 사례에서는 아내가 아예 아무것도 하지 않는다는 점이다. '설거지 오늘 못하겠어'라는 말이 아니라 '나 설거지 안 할거야'인 생각을 갖고 있다는 것이다. 아내는 결혼 전 친정 식구들과의 관계에서도 동일한 모습을 보였을 가능성이 크다. 명절에 친정에 갔을 때 집안 일을 돕는지 관찰해 보면 알 수 있다. 더 걱정이 되는 것은 시댁에 갔을 때 아무것도 하지 않아 남편이 더 크게 실망할 수 있다는 점이다. 못하는 것이 있다면 그 일만 주의하면 되지만 아무것도 하지 않는 사람은 그냥 와서 음식만 먹고 가 버릴 가능성이 크다.

아내는 자기부정$^{I'm\ not\ OK}$이 강한 사람일까? 그래서 아무 것도 할 수 없는 사람일까? 그렇지 않다. P를 사용하지 않는 사람이다. 그래서 청소나 설거지 외에도 집안일 상당 부분을 하지 않을 가능성이 크다. 자신이 좋아하는 일까지 하지 않는 것은 아니다. 다이어트 하기, 여행 가기, 맛집 가기, 취미생활 하기 등은 철저하게 할 것이다. 자신이 조금이라도 희생을 해야 하는 일에서는 매우 단호하게 하지 않겠다고 말을 한다. 이런 사람이 혼자 살 때는 문제가 되지 않지만 가정을 꾸렸다면 매우 큰 문제가 생기게 된다. 그나마 배우자가 NP$^{양육적\ 부모}$가 높다면 그가 더 희생을 하면서 지내게 될 것이다. 그런데 그런 조건이 아니라면 부부 간의 갈등은 매우 커져 극단적인 상황까지 갈 수 있다.

아내는 P^{부모}, A^{어른}, C^{아이} 중에서 P를 적게 쓰고 C를 주로 사용하고 있다. 이것은 부모로서의 최악의 모습이다. 자신이 하고 싶은 것만 할 뿐 부모로서의 어떤 희생도 하지 않는다. 아내는 대부분의 부모가 책임감 때문에 P를 쓰려고 노력하고 있다는 것을 알아야 한다. 부모가 되었는데도 P를 쓰려고 노력하지 않는다면 그는 '조정력'이 매우 약한 사람이다. 스스로 부모로서의 모습을 거부하는 것과 같다. 이런 게이머와 산다면 아이를 한 명 더 키우는 것 이상의 어려움이 발생한다.

5. 정신 나간 것 아냐?

  아내는 결혼 전부터 남편이 될 사람이 술을 너무 좋아하는 것을 알고 있었다. 술 때문에 늦게 귀가하는 것이 걱정되었지만 결혼을 하면 그렇게 하지 않을거라는 기대를 하고 결혼을 했다.

  남편이 조금이라도 늦게 들어오는 것 같다는 판단이 서면 아내는 바로 남편에게 전화를 걸어 '언제 오냐', '지금 어디에 있냐', '누구와 함께 있냐' 등을 물어본다. 남편 입장에서는 친구나 동료와 잠시나마 대화를 나누는 것조차 힘들게 되어 불편함을 느끼게 되었다. 그래서 때로는 전화를 받지도 않고 메시지에 답을 하지도 않게 된다. 그럴 때 아내는 남편의 동료에게 전화를 걸어 혹시 같이 있는지, 어디에 있는지 집요하게 묻곤 했다.

  어느 회식 때의 일이다. 남편은 이때 아니면 술을 마

시지 못할 것 같아 마음 놓고 편하게 술을 마시고 있었다. 당연히 아내의 전화가 쏟아졌지만 미리 회식을 알린 상태였고 전화를 받아봤자 잔소리만 듣게 될 것이 뻔해 아내의 전화를 무시하고 회식을 즐겼다. 그랬더니 예상대로 아내는 남편의 동료들에게 전화를 했다. 회식이 끝나 집에 들어간 남편은 너무 화가 나서 아내에게 따지기 시작했다.

남편 내가 회식이라고 말 했잖아. 왜 자꾸 전화하는 거야. 동료들에게도 전화를 해서 나를 민망하게 만들어야 겠어?
아내 내가 할 소리를 하네. 정신 나간 것 아니야? 결혼 전 습관 아직도 버리지 못한 거야?
남편 네가 친구 만나서 술 마시는 걸 싫어해서 그동안 퇴근 후에 바로 집에 왔잖아. 이번에는 회식이니까 마음 놓고 술좀 마시려고 하는데 그걸 이해 못해? 너 때문에 내가 얼마나 희생하고 있는 줄 알아? 다른 사람들이 나보고 불쌍하다.
아내 정신 나간 것 아냐? 회식이 아닐 때면 네가 술을 안 먹냐? 먹고 일찍 들어오면 되잖아. 누가 고삐 풀리게 마시래? 연락도 안되고? 결혼 전의 모습으로 돌아가겠네.
남편 사람들과 대화를 하면 전화 확인하기 힘들어. 그리고 전화를 받으면 회식을 제대로 하게 내버려두냐? 빨리 들어오라고 계속 전화하잖아. 너 같으면 전화 받고 싶겠냐?
아내 내가 널 만나서 얼마나 힘든지 알아?

  아내는 남편을 심하게 통제하고 있다. 그때마다 꺼내는 이야기는 결혼 전 남편의 술자리 습관에 대한 것이다. 아내는 남편이 퇴근 후 바로 들어오지 않으면 자신이 희생을 당하고 있다고 생각한다. 희생을 당하지 않기 위해서 퇴근 시간만 되면 남편에게 전화를 해서 집요하게 묻는 것이다. 이런 아내에게 남편의 회식은 절대로 허용할 수 없는 모임이다. 이때 만큼은 술을 마시고 놀 수 있게 해줘야 겠다는 생각을 전혀 하지 않는다. 왜냐하면 남편이 놀면 놀수록 그것은 아내의 희생을 의미하기 때문이다.

  아내는 왜 자신이 희생자가 되었다고 생각을 하며 남편에게 집착을 할까? 아내는 사람에 대한 신뢰가 매우 약한 사람이다. 즉, 타인부정$^{\text{You're not OK}}$의 인생태도를 갖고 있는 것이다. 그리고 C^{아이}가 A^{어른}를 오염시킨 자격지심의 모습도 보여 준다. 자신의 기준에 남편이 조금이라도 늦거나 연락을 받지 않으면 '남편은 나를 인정하지 않고 있어' 라는 생각을 한다. 다른 모든 사람은 나를 인정하지 않더라도 남편은 나를 인정해야 하는 존재로 여기고 귀가 시간을 지키는 것과 전화를 받는 것에 대해서 매우 집착하는 모습을 보인다.

이런 게이머의 특징 중 하나는 상대의 지인들에게 직접 연락을 해서 앞으로 상대에게 식사를 하거나 술을 마시자는 말을 하지 말아달라고 부탁을 하는 것이다. 아내는 남편이 늦을 수 있는 상황을 만들지 않기 위해서 실제로 이런 행동을 취한다. 남편이 회사에서 어떤 기분을 느끼게 될지는 중요하지 않다. 자신의 감정 상태만 살필 뿐이다.

아내는 자신이 희생되고 있다고 생각하지만 사실은 남편이 아내로부터 매일 희생당하고 있는 것이다. 문제는 아내가 그것을 전혀 알지 못하고, 남편이 힘들어할 때마다 아내는 자신이 더 희생당하고 있다고 여긴다. 이런 갈등은 부부가 서로 진솔하게 대화를 하는 것으로 해결되지 않는다. 이것은 '의부증', '의처증'과 같은 모습이다.

시댁

요즘은 많이 달라졌지만 시부모와 며느리와의 갈등은 한국의 대표적인 갈등이라는 것을 그 누구도 부인하기 어려울 것이다. 이것 때문에 이혼하는 부부도 많다. 부모가 아들을 이혼시키는 결과를 가져오는 것이다. 이것은 시댁뿐만 아니라 처가에서도 비슷하게 벌어질 수 있다.

시댁에서는 과연 어떤 심리게임들이 벌어질까? 에릭 번은 대한민국의 시댁에서 벌어지는 심리게임은 전혀 알지 못했을 것이다. 이것은 우리의 문화에서만 벌어지는 것이기 때문이다. 그래도 문화가 많이 바뀌어 이런 시댁의 수는 점점 줄어들고 있다.

1. 마음을 그렇게 몰라요?
2. 다 너 잘 되라고 하는 거야
3. 참 좋겠어
4. 해 준 돈이 얼마인데 그걸 못해?
5. 꼬박꼬박 말대꾸니?

1. 마음을 그렇게 몰라요?

어느 시댁에서 벌어진 이야기다. 아들 부부가 시댁에 가야하는 공식적인 날에도 아내를 제외한 아들만 간다. 처음부터 이랬던 것은 아니다. 결혼을 한 지 한 달도 되지 않아 며느리는 시댁으로부터 여러 가지 이야기를 듣게 된다. 시댁에 갈 때마다 시댁 식구는 며느리에게 '아이는 언제 가질 건지', '잠자리는 어떤지' 등에 대해서 서슴없이 물어보곤 하였다. 어느 날에는 시댁 단체 톡방에 갑자기 초대되었다. 올라오는 질문에 즉각 반응이 없거나 대답이 느리면 시누이한테 전화가 와 빨리 반응을 하라고 강요를 받았다.

결혼하고 첫 시어머니 생신 때의 일이다. 일을 하다 보니 시간 여유가 많지 않았지만, 좋은 식당을 예약하고 섭섭하지 않을 정도의 용돈을 준비해서 시어머니에게 드렸다. 하지만 시어머니로부터 한 소리를 듣게 되었다.

(전화 통화)

시어머니 내가 이런 돈을 원한 게 아니야. 나는 우리 며느리가 차려준 밥을 먹고 싶었는데.

(생일이 지나고 며칠 후 시누이에게 전화가 와서)

시누이 엄마 마음을 그렇게 몰라요? 일한다는 것으로 핑계 대지 마세요. 그거 얼마나 번다고. 남동생이 버는 걸로 만족 못하니까 그런거 아니에요? 저희 엄마 그 돈 필요 없으니 가지고 있다가 아이 키우는 데나 써요.

(전화를 마치고 아내는 옆에 있는 남편에게 이야기를 한다)
아내 내가 뭘 잘못했어? 뭘 해도 이렇게 트집을 잡으니. 난 이제 시댁 안 갈거야.
남편 왜? 무슨 일이야? 생신 때문에 뭐라고 한 거야? 이유가 있으니 그렇게 이야기했겠지...

이런 대화가 계속 이어져 아내는 결국 앞으로 시댁에 가지 않게 되었다. 이 사례는 단순히 부부만의 문제가 아니라 남편을 포함한 시댁 식구와 며느리 사이의 문제라고 할 수 있다.

시어머니, 시누이는 왜 아내에게 그렇게 말을 했을까? 시댁은 며느리가 '특별한 구원자'가 되어 주기를 원했다. 시어머니 생신 때 뭔가 특별한 이벤트를 원했는데 그렇지 않으니 서운해하며 비난을 한 것이다. 그런데 잘 생각해 보면 며느리가 꼭 그 역할을 맡아야 할 이유는 없다. 아들, 시누이도 있는데 왜 며느리가 해야 한다고 생각을 했을까? 이것은 며느리의 역할에 대한 편견 때문이다. 며느리가 아주 힘들게 시어머니 생신 축하를 준비해서 누가 보더라도 며느리의 희생이 느껴져야만 하는 편견이다. 이 편견이 당연한 것이 된다면 며느리는 시부모가 살아 있는 한 가족이 아닌 일꾼처럼 일을 해야 한다. 며느리는 쉴 틈이 없어야 하며 많은 손해를 보아야 한다. 즉, 며느리가 구원자가 되기를 원하면서 실제로는 며느리를 희생시키고 있는 것이다. 이런 인식 자체가 심리게임이며 남편도 함께 동참하고 있다. 며느리는 희생자가 되기 위해서 결혼을 한 것이 아니다. 더 이상 희생당하는 것을 원치 않는 며느리는 시댁에 가는 발길을 끊기로 결정했다. 이렇게 되면 시댁 식구들은 며느리를 또 비난할 수 있다. "요즘 젊은 애들은 예의가 없다니까. 너무 제멋대로야. 희생할 줄을 몰라. 나 때는..."라는 식으로 이야기를 하며 며느리가 잘못 들어와 집안 분위기를 망쳤다는 결론을 낸다. 이것은 며느리를 공격자로 만드는 것이다.

시댁의 인생태도는 자기긍정$^{\text{I'm OK}}$, 타인부정$^{\text{You're not OK}}$이다. 우리 집안은 문제 없는데 며느리가 문제가 많아 며느리가 해주는 밥상도 받아 보지 못하게 되었다고 말을 한다. 결론적으로 며느리를 나쁜 사람으로 만든 사람은 시어머니와 시누이이며 그들이 집안 분위기를 망친 것이다. 시댁에 가면 게이머가 둘이나 있고, 아들

또한 게이머로부터 아내를 보호해 주지 못하고 있으니 며느리가 시댁에 가지 않겠다고 판단한 것은 매우 현명한 결정이다.

만약 며느리가 식당을 예약하지 않고 직접 밥을 했다면 시어머니는 괜찮았을까? 절대 그렇지 않다. 게이머인 시어머니와 시누이는 며느리가 뭘 해도 마음에 들지 않는다는 반응을 보일 것이다. 그래야 자신들이 희생자가 될 수 있기 때문이다. 이런 방식으로 부정적인 스트로크를 얻는 것이다. 게이머는 만만한 심리게임 상대가 필요하다. 시어머니와 시누이에게는 며느리가 매우 좋은 상대가 될 수 있다. 마침 시어머니, 시누이 모두 CP[비판적 부모]가 높다면 막장 드라마를 만들게 된다. 며느리를 괴롭히는 시댁 식구들, 아무런 상황 파악을 하지 못하는 남편, 결국 며느리는 견디다 못해 도망을 가게 되고… 이런 드라마를 많이 보지 않았는가. 전형적인 게이머 집안의 이야기다.

한국의 '시집살이'는 심리게임의 대표적인 사례라고 할 수 있다. 시집살이에서 게이머는 시댁이고 게이머에게 당하는 존재는 며느리가 된다. 물론 모든 시댁 사람들이 게이머가 되는 것은 아니다. 반대로 정상적인 시댁에 게이머 며느리가 들어와 시댁 식구들에게 심리게임을 하는 경우도 있다.

2. 다 너 잘 되라고 하는 거야

명절에 시댁에 갔더니 시어머니는 아들이 야위었다고 걱정을 한다. 시어머니는 이후에도 계속 같은 말을 하더니 아들이 야윈 이유를 며느리에게서 찾기 시작했다.

시어머니 애미야, 애비가 왜 이렇게 야위었냐? 일이 많이 힘든 모양이다. 잘 좀 챙겨라. 보약 한 채 지어놨으니 챙겨가서 잘 좀 먹여.

며느리 아유, 어머님, 제가 챙겨도 그 사람이 잘 안 먹어요. 얼마 전에 보내 주신 한약도 아직 있어요.

시어머니 그게 아직 있냐? 너는 대체 챙기라니까 뭘 한거냐? 뼈 빠지게 고생하는 애비 그거 하나 챙기는 게 뭐가 어렵다고. 이번엔 잘 챙겨라. 애비 좋아하는 밑반찬도 해놨으니까 가져가서 잘 챙겨줘.

며느리 어머니, 저희 서로 맞벌이 하고, 아침에 나갔다가 밤 늦게 들어오기 때문에 집에서 밥 먹을 시간도 별로 없어요.

시어머니 어쩐지 애비 얼굴이 갈수록 안 좋더라니! 그럴수록 더 챙겨야지. 남편 귀한줄 알아라. 그리고 너는 챙겨주면 그냥 '고맙습니다'하면 될 것을, 뭐가 그렇게 말이 많니? 이게 나 좋자고 하는 짓이니? 잘 먹어야 건강하고, 일도 하고, 돈도 많이 벌고, 그럼 내가 좋겠냐? 네가 좋은 거지. 다

너희 위해 내가 이렇게 하는거 아니냐?

시어머니는 아들이 야위게 된 책임을 며느리에게 넌지시 넘기고 있다. 하지만 바로 며느리를 비판하지 않고 자신이 보약을 지어주는 것으로 해결을 하고 있다. 며느리에게 바로 폭언을 하는 시어머니보다는 부드러운 편이다. 그렇다고 시어머니가 CP^{비판적 부모}가 낮다는 것은 아니다. 이후에 CP가 높은 모습을 보여준다.

일단 시어머니는 자신이 직접 보약을 준비하고 며느리가 옆에서 챙겨주도록 하는 방법을 택했다. 이 방법은 며느리를 언짢게 할 수 있는데 그 이유는 며느리가 아들에게 구원자가 아니라는 것을 표현한 것이기 때문이다. 시어머니는 자신이 대신 구원자 역할을 하고 있다. 만약 나중에 여전히 아들의 야윈 모습을 본다면 시어머니는 며느리가 보조 구원자 역할인 보약을 챙겨주는 것을 제대로 하지 않았다고 타박을 할 가능성이 크다.

시어머니는 자신이 아들의 보약을 지었다고 그것이 며느리 대신 구원자 역할을 했다고 생각해서는 안 된다. 시어머니의 보약이 구원자 역할을 하는 것이라면 며느리도 좋아해야 할 상황이 되겠지만 절대로 그런 기분이 들지 않는다.

시어머니의 행동은 며느리를 공격자로 여기는 것과도 같다. 며느리가 느끼기에 시어머니는 아들만 챙기지 며느리에 대한 배려는 없다. 며느리를 아들과 동일하게 생각한다면 절대로 며느리를 공격자로 생각하지 않을 것이다. 시어머니의 인생태도는 타인부정$^{You're\ not\ OK}$인데 그 타인^{You}은 며느리가 된다. 그래서 아들과 며느리를 차별하고 있으며, 그것은 며느리에 대한 편견을 갖고 있는 것과 같다.

부모가 보약을 지어 그것을 며느리가 아들을 챙기도록 하는 건 오해가 생길 수 있는 행동이다. 아들과 며느리의 관계를 더 안 좋게 만드는 방식이 되기도 한다. 하지만 이런 시어머니의 행동이 모든 경우에 다 문제가 되는 것은 아니다. 상황에 따라 다르게 판단할 수도 있는데, 며느리가 기분이 나쁘지 않다면 그냥 지나칠 수 있는 부모의 아들에 대한 챙김 정도라고 할 수 있다.

만약 시어머니가 아들의 보약 외에도 꾸준히 뭔가를 계속 가져다 준다면 그것은 스스로 구원자 역할을 하고 싶은 마음 때문일 수 있다. 많은 시어머니들이 이런 마음 때문에 음식을 만들어 보내주기도 한다. 이때 시어머니가 어떤 핀잔을 주지 않고 챙겨주는 마음으로 한다면 아들과 며느리 모두 시어머니에게 고마워할 것이다. 이것은 아무런 문제가 없다. 오히려 출가한 자녀 부부를 사랑하는 마음에서 하는 것이다. 이런 상황을 문제라고 하는 것이 아니다.

 문제가 되는 상황을 하나 소개하려고 한다. 아들 부부는 어느 날 여행을 떠났다. 이때 시어머니는 아들 집에 가서 냉장고 청소를 하거나 가구를 옮기는 등의 행동을 한다. 나중에 아들 부부가 집에 돌아와 변화된 집안의 모습을 본다면 소름이 돋을 수 있다. 아들을 사랑한다는 명분으로 도움을 준 것이라고 말하겠지만 이것은 분명 선을 넘은 행동이라고 할 수 있다. 만약 아들과 며느리가 "저희 집 오셔서 청소하셨어요? 앞으로 하지 않으셨으면 해요. 현관문 번호도 바꿨으니 앞으로 힘들게 오지 않으셔도 됩니다."라고 말한다면, 시어머니는 흥분하지 않을 수 없을 것이다. 시어머니는 "내가 나 좋다고 한 건가, 지들 좋으라고 한거지. 고마운 줄을 모르네."라는 식으로 불평을 하겠지만 요청하지 않은 도움을 스스로 나서서 하는 건 분명 심리게임이다. 자신을 구원자로 만들고 아들과 며느리 중에서 특히 며느리를 희생자로 만드는 것이다. 집안 청소 하나도 제대로 못하는 희생자로 만드는 것이기에 며느리는 불편함을 느끼게 된다.

 심한 구원자 역할을 하는 부모는 절대로 자녀 부부가 멀리 이사 가지 못하게 한다. 가까워야 수시로 가서 도움을 줄 수 있기 때문이다. 이때 아들이 어머니의 구원자 역할에 대해서 아무런 문제를 느끼지 못하고 어머니가 불시로 와서 도움을 주는 것을 허용한다면 아내만 속이 타게 된다. 어머니의 심리게임을 알지 못하는 남편과 이 문제에 대해서 대화를 나눌 수 있는 아내는 별로 없을 것이다.

3. 참 좋겠어

명절에 주방에서 형님과 동서가 대화를 하고 있다. 형님은 동서를 만날 때마다 비교하는 말과 무리한 요구로 동서의 마음을 심란하게 만든다. 형님은 전업주부이고, 동서는 직장에 다니고 있는데, 경제적으로 보면 동서가 좀 더 여유가 있다. 시어머니는 김장을 할 때바다 형님을 부른다. 형님은 김장 외에도 시어머니의 대소사를 돕는다. 이런 점 때문에 형님은 상대적으로 아무 일도 하지 않는 동서에게 불만이 많다. 동서는 돌아오는 명절에 형님의 잔소리를 듣게 될 생각에 머리가 지끈거렸다. 아니나 다를까 주방에서 함께 명절 음식 준비를 하는데 형님이 동서에게 말을 꺼낸다.

형님 동서는 참 좋겠어. 직장 다니니 늦게 오늘에서야 오고. 나는 어제부터 와서 어머니랑 장을 봤어. 동서는 지난번 김치를 담글 때도 다 끝나고 와서 김치만 싹 가져가더라.

동서 죄송해요, 형님. 그래서 제가 전화도 드리고, 조카 선물도 샀잖아요. 제 마음이 잘 전달되지 않았나 보네요. 저도 도와 드리고 싶은데 그게 마음처럼 잘 안 되네요.

형님 그리고 말야, 동서가 꺼낸 얘기니까 이왕 말하는 김에 할게. 지난 번 우리 애한테 사준 그 선물, 진짜 너무 생각 없이 사 준 거 아냐? 애가 필요한 걸 사 줘야지, 바꿀 수 있다면 애한테 필요한 걸로 바꿀 수 있어?

동서 네?...

큰 며느리의 한이 느껴진다. 일을 더 많이 하지만 그에 대한 보상은 없고, 동서는 돕기는 커녕 얌체같이 필요한 것만 가져가는 것처럼 보인다.

시어머니는 큰 며느리를 구원자로 생각하고 있다. 그래서 무슨 일이 있을 때마다 큰 며느리를 부른다. 시어머니가 구원자가 되어 달라고 요청하니 따르지 않을 수도 없는 상황이다. 그런데 문제는 구원자 요청을 큰 며느리에게만 한다는 것이다. 동서도 시켰다면 형님이 동서에게 저렇게까지 불만을 갖지는 않았을 것이다. 시어머니가 시키지 않더라도 동서가 알아서 도울 수도 있는데 동서는 그렇게 하지 않았다. 동서가 구원자가 되어 주지 못하니 결국 "동서는 참 좋겠어."와 같은 말을 하게 된다.

며느리들이 모이면 누가 더 구원자 역할을 했고 누가 전혀 구원자 역할을 하지 않았는지 비교하는 대화가 있게 된다. 구원자 역할을 하는 것이 쉽지는 않다. 명절이 불편한 대화를 정산하는 날이 되는 것이다. 동서지간에 갈등이 생기지 않기 위해서는 날을 잡아 함께 구원자 역할을 하는 것이 필요하다. 조카 선물을 사주는 것만으로는 왠지 약하다. 선물을 할 거면 조카 선물이 아니라 형님을 위한 선물을 사줬어야 했다. 조카에게 선물을 하는 것은 이런 경우가 아니라도 할 수 있는 것이 아닌가. 그래서 형님이 인정을 하지 않는 것이다.

기분 좋게 만나야 할 명절에 이상한 감정 싸움이 벌어지는 데에는 여러 가지 이유가 있다. 게이머에게는 명절이 심리게임을 할 수 있는 너무나 좋은 기회가 된다. 자신이 먼저 구원자 역할을 해놓고 늦게 온 친척을 혼내기도 한다. 어느 시부모 게이머는 항상 음식을 미리 해놓는다. 그리고 나서 집에 온 아들과 며느리를 혼낸다. 그 사례를 보자.

(아들 부부가 도착했다)

시아버지 니들은 항상 늦게 오니? 우리가 힘들게 음식 준비하는 것이 맞다고 생각하니?

아들 죄송해요. 차가 너무 밀려서 늦었네요. 앞으로는 음식 먼저 하지 마세요. 저희가 와서 할게요. 가족도 많지 않으니 저희가 와서 음식 준비를 시작해도 충분해요.

(다음 명절 전 날)

며느리 어머니, 저희 이제 출발해요. 음식 준비 아직 안 하셨죠? 저희가 가서 할게요. 쉬고 계세요.

(부모님 댁에 도착했다)

시아버지 으흠.

시어머니 아이고, 힘들다. 우리가 준비 다 했다. 아침부터 종일 전만 부쳤네. 빨리 좀 와서 도와주면 얼마나 좋니.

아들 이번에는 저희 일찍 왔잖아요. 그리고 출발하기 전에 미리 전화해서 음식 준비를 하지 마시라고 말씀드렸잖아요. 그런데 이렇게 또 하시고 뭐라고 하시면 어떡해요?

며느리 저희 음식도 준비해서 가지고 왔어요.

시아버지 어머니에게 무슨 말을 그렇게 해? 너희 불효하는 거야. 우리가 얼마나 힘들게 준비했는데.

시부모는 자신들을 희생자라고 생각하고 있다. 아들과 며느리가 빨리 와서 도와주지 않고 있음을 비판한다. 하지만 뭔가 좀 이상하다. 자녀가 일찍 왔을 때에도, 음식 준비를 하지 말라고 신신당부를 했을 때에도 여전히 음식 준비를 하고 불평을 하기 때문이다.

시부모 둘 다 구원자 역할을 하고 있다면 음식을 미리 준비할 수 있지만 비난을 하지는 않는다. 구원자는 음식 준비를 기분 좋게 하고 자녀가 그 음식을 먹는 것을 즐거워한다. 하지만 이 사례의 시부모는 그런 구원자가 아니다. 둘 다 공격자가 되고 싶어서 음식을 준비한 것이다. 자녀를 못마땅한 사람으로 만들어야 자신들이 혼낼 수 있다. 그래서 자녀가 아무리 일찍 도착하더라도 음식 준비를 미리 함으로 자녀를 부모를 돕지 않는 불효자로 만들어 버릴 것이다. 미리 부모님이 음식 준비를 하지 않도록 연락을 하지 않고 기습적으로 도착하면 모를까 언제나 부지런히 준비를 할 것이 뻔하다. 자녀가 만약 기습적으로 가서 음식 준비를 하더라도 다른 이유를 들어 자녀를 혼낼 것이다. 결론은 어떤 식으로든 자녀는 혼날 수밖에 없다.

시부모 두 사람은 모두 CP[비판적 부모]가 높을 가능성이 크다. 그리고 인생태도는 자기긍정[I'm OK]과 타인부정[You're not OK]이다. 여기에서 타인[You]은 아들과 며느리가 된다. 만약 그 타인^{You}이 부모 자신들을 제외한 모든 사람들이라면 명절이 아닌 다른 날에는 또 다른 상대를 잡아서 비판을 할 것이다. 그래서 주변 사람들은 이 시부모와 가까이 하는 것을 싫어하게 된다. 어느 누구를 보더라도 못마땅한 이유를 찾을 사람들이다. 만약 시부모가 회사의 사장이라면 함께 일하는 직원들을 모두 회사를 생각하지 않는 잘못된 사람들이라고 생각할 것이다. 회사에 가서 일하는 것처럼 보이겠지만 직원들을 비난함으로 자신의 부족한 스트로크를 채우는 것이다. 집안에서는 어른이며, 회사에서는 사장이기 때문에 이들이 심리게임을 할 수 있는 기회는 많다. 그말은 그만큼 많은 사람들이 상처를 받게 된다는 것이다.

4. 해 준 돈이 얼마인데 그걸 못해?

결혼을 할 때 남편과 아내 서로 준비한 규모가 다를 수 있다. 동일한 금액의 돈을 내고 결혼을 한 것이 아니기 때문에 한 쪽이 더 많은 기여를 한 것은 사실이다. 하지만 결혼한 후에는 그것을 두고두고 이야기하지는 않는다. 부부가 되면 가정의 재산은 새롭게 시작을 하게 된다. 그래서 부부는 채무 관계가 될 수 없다.

그런데 종종 채무의 뉘앙스가 있는 말을 함으로 이상한 대화가 펼쳐지기도 한다. 그 사례를 보자.

남편 명절 이틀 전에 집에 내려가면 어때?
아내 왜? 아직 아이들도 어려서... 하루 전에 가자.
남편 맏며느리인데 그래도 일찍 가야 하지 않겠어? 우리가 결혼할 때 우리 집에서 해 준 돈이 얼마인데 넌 그 정도도 못하냐?
아내 또 그 이야기야? 누가 해 달라고 했어?

(결국 부부는 냉냉한 분위기로 명절 당일에 내려갔다.)

 부부가 하나 되어 부족한 것을 채워 주며 돕고 사는 것은 너무 이상적인 이야기일까? 위의 사례를 보면 서로 채워 주는 것은 돕기 위해서가 아니라 대접을 받기 위해서라는 것을 일 수 있다. 더 많은 돈을 준비한 남편은 생색을 낼 수 있고 부족하게 준비한 아내는 항상 다른 것으로 그것을 보상해야 하는 분위기다. 명절 때 좀 더 일찍 집에 가서 일을 돕는 것도 그 보상에 해당된다. 아내는 채무자인 것이다. 여기에서는 어떤 심리게임이 벌어졌을까?
 남편은 결혼할 때 더 많은 돈을 준비했다. 그것을 결

혼하는데 사용한 것은 사실이다. 즉, 남편은 구원자가 되는 것이다. 하지만 아내는 부족하게 준비를 했으니 구원자가 필요한 희생자가 된다. 이 관계는 결혼을 한 후에는 끝나야 한다. 결혼을 하기 위해서 한쪽이 더 많은 돈을 낼 수 있지만, 이것은 결혼식과 결혼 초반의 생활을 위해서 낸 것이다. 부부 관계가 되면 더 이상 그것을 묻지 않아야 한다. 대한민국에서 결혼을 할 때 지참금을 준비하는 문화는 사라지지 않았는가? 만약 그런 것을 요구하는 사람과 결혼을 한다면 평생 갈등을 갖고 살 수밖에 없다. 남편의 말 "우리가 결혼할 때 우리 집에서 해 준 돈이 얼마인데 넌 그 정도도 못하냐?"는 "내가 널 구원해 줬는데 이제 네가 날 구원해 줘야 하는 것 아냐?"라는 말과 같다. 남편은 자신이 준 도움에 대하여 보상 받기를 바라고 있는 것이다. 이 부부의 경우는 동등한 관계가 아니라 갑과 을의 관계다. 이와 같은 상황은 한쪽이 더 많은 돈을 지출한 경우, 그리고 자신이 구원자라는 생각을 고집하는 경우 끝없이 이어진다. 상대의 보상에 따라 부부 관계는 좋아지기도 하고 나빠지기도 할 수 있다. 결혼 전에 혼수나 비용 준비로 문제가 생겼을 때 '결혼을 하면 괜찮아지겠지'라고 생각해서는 안 된다.

  남편의 인생태도는 자기긍정$^{\text{I'm OK}}$, 타인부정$^{\text{You're not OK}}$

이며, 타인^{You}은 돈을 적게 낸 아내 또는 처가가 된다. 그래서 남편은 처가댁을 갔을 때 그 집안에 대해서 존중하는 마음이 크지 않을 수 있다. 남편은 이런 인생태도를 갖는 것이 올바르지 않다는 것을 빨리 알아차려야 한다. 그렇지 않으면 불행한 가정이 될 수밖에 없다.

결혼 후에 아내가 남편 몰래 1억 원의 빚을 졌다면 어떻게 될까? 이것은 결혼 후의 일이기 때문에 아내의 빚은 남편에게도 피해를 주게 된다. 더 큰 문제는 아내가 빚을 남편 몰래 저질렀다는 것이다. 아내는 공격자가 되었고 남편은 자신도 모르는 사이에 희생자가 되었다. 남편이 "내가 그 돈 갚을 게. 실수를 할 수도 있지. 다음에는 절대로 이런 일 있으면 안 돼."라고 한다면 남편은 아내에게 구원자가 된다. 남편은 힘들겠지만 희생을 통해서 아내의 구원자가 되겠다고 다짐한 것이다. 이런 경우 아내는 살면서 항상 남편에 대한 미안함과 고마움을 갖고 살게 될 것이다. 큰 돈을 갚기 위해서 남편이 어떻게 희생을 한 지 알기 때문이다. 그런데 이런 상황에서 아내가 또 빚을 지게 된다면 어떻게 될까? 그에 대한 대화를 살펴보자.

남편 이 빚은 또 뭐야?

아내 어쩔 수 없었어. 내가 뭐 일부러 빚을 졌나?

남편 지난 번 빚도 갚는 게 얼마나 힘들었는 줄 알아? 그런데 또 이렇게 하면 어떡해?

아내 내가 잘못한 거야? 언니가 도와달라고 하는데 그럼 내가 그걸 모른척 해? 당신이라면 그럴 수 있어?

남편 우리도 돈이 없는데 빌려줄 돈이 없다고 했어야지. 대출을 받아서 가져다 주면 어떡해. 지금 내가 힘들게 돈 갚고 있는 거 몰라?

아내 알아. 안다. 그럼 언니한테 가서 뭐라고 해? 그 돈 달라고 하면 돼?

 아내는 또 빚을 짐으로 남편에게 다시 공격자가 되었다. 남편이 화를 내는 것은 매우 당연하다. 그런데 아내의 반응이 특이하다. 자신이 잘못했다는 것이 아니라 어쩔 수 없었다고 말을 한다. 이 말은 자신이 공격자가 아니라는 것이다. 이 말에 대해서 남편은 경악을 금치 못할 것이다. 자신이 추가로 만든 빚에 대해서 자신에게 책임이 없다고 하니 더 이상 어떤 말을 할 수가 없는 사람이다. 이런 배우자와는 함께 살 수 없다. 앞으로 이런 일은 또 일어날 것이며, 가정 경제는 쉽게 무너질 것이다. 아내는 남편에게 미안한 마음이 전혀 없어 보인다. 오히려 닦달하는 남편을 공격자로 여기는 분위기다. 공감할 수 없는 일방적인 역할 전환이 이루어졌으니 아내는 게이머가 확실하다.

이런 게이머와 결혼을 하면 열심히 노력해도 빚은 점점 늘어나게 되어 있으며, 결국 가정도 유지하기 힘들어진다. 마음을 추스려 이런 게이머와 계속 심리게임을 하면서 사는 것과 이혼을 하는 것 사이에서 갈등을 하게 될 것이다.

위 두 부부의 사례를 보면, 그들 모두 부부의 관계를 오해하고 있는 것이 확실하다. 서로를 위해서 노력하고 존중하고자 하는 것이 부족하다. 매우 자기 중심적이고 적반하장의 사고방식을 가지고 있다. 이런 경우 그 집안을 보면 배우자 한 사람만 그런 것이 아니라 배우자 집안 전체가 그런 경우도 있다. 그래서 명절 때 가 보면 집안의 모습이 가관임을 알 수 있다. 자신을 제외한 나머지 가족 모두가 게이머라면 상대적으로 자신이 문제인 것처럼 혼란에 빠질 수도 있다. 결혼 전에 상대 집안 사람들이 게이머인지 아닌지를 확인하는 것은 매우 중요하다. 만약 상대 집안에 게이머가 많은데 재산도 많다면 어떻게 될까? 그 재산이 뭔가를 지불하는데 도움은 되겠지만 그것이 오히려 갑질이 될 수도 있다는 점을 명심해야 한다. 이성을 연결해 주는 방송 프로그램을 보면 상대의 직업, 재산, 학벌, 스타일은 소개하지만 게이머인지 아닌지를 소개하지는 않는다. 이제는 게이머 유무를 알려 주는 내용도 있어야 한다. PAC 다섯 가지 데이터와 인생태도의 긍정^{OK}과 부정$^{not\ OK}$은 어떻게 되는지 수치를 알려 줘야 하지 않을까.

5. 꼬박꼬박 말대꾸니?

세대가 바뀌면서 시어머니와 며느리의 모습도 많이 바뀌었다. 시집살이로 고생한다는 말은 옛말이 되었고, 며느리는 그런 시댁에 가지 않는 것을 선택할 수도 있는 시대가 되었다. 하지만 시어머니 입장에서는 살아온 세대가 다르기 때문에 기존 생각을 다 없애버리는 것이 어려울 것이다. 이런 상황에서 벌어지는 갈등의 대화를 살펴보자.

시어머니 아이고 며늘아가야, 내가 못살겠다. 아니 애들이 결혼을 했으면 좀 참고 살아야 하는데, 도대체 왜 맨날 못살겠다고 하는지 모르겠구나.

며느리 어머님, 무슨 일이에요? 아가씨네 무슨 문제가 있대요?

시어머니 아니 김서방이 힘들게 하는 것 같아. 요즘 시대에는 여자도 자기 할 일을 하고 살고, 돈도 쓰며 사는 거지. 그 돈 몇 푼이나 쓴다고, 애를 달달 볶는 것 같아.
며느리 어머님, 아가씨가 돈을 너무 많이 쓰는 것 아니에요? 그런 것 가지고 뭐라고 할 사람은 아닌 것 같던데요.
시어머니 얘는, 걔가 그런 애가 아니야. 요즘에 어떤 여자가 남편 눈치를 보면서 산다고 그러니?
며느리 어머님, 지난 번에 제가 대학원 간다고 했을 때 여자가 무슨 공부를 하냐고 뭐라 그러지 않으셨어요? 왜 허튼짓 하는데 돈 쓰냐고 그러셨던 것 같은데요.
시어머니 어디서 꼬박꼬박 말대꾸니?

아들과 딸 모두를 자녀로 둔 부모 중에는 성별에 따라 모순적인 역할을 주장하는 부모가 있다. 딸은 괜찮은데 며느리는 안 된다고 하고, 아들은 되지만 사위는 안 된다고 하는 경우가 그렇다. 이것은 A^{어른}의 자아가 P^{부모}에 의해서 오염된 편견이라고 볼 수 있다. 며느리와 사위가 실망할 모습이다. A가 제대로 작동한다면 아들과 사위는 다르고, 딸과 며느리는 다르다고 말을 하지는 않는다.

대부분의 며느리와 사위는 위의 사례처럼 "어머님, 지난 번에 제가 대학원 간다고 했을 때 여자가 무슨 공부를 하냐고 뭐라 그러지 않으셨어요? 왜 허튼짓 하는데 돈 쓰냐고 그러셨던 것 같은데요."라고 답변을 하지는 않는다. 그 순간은 참다가 명절 후에 집으로 돌아와 남편과 아내가 그 이야기로 한바탕 싸우게 되는 것이 더 비일비재한 모습이다. 이때 아내가 주로 하는 말은 "당신 부모님은 왜 그러셔?"이다.

며느리가 직접적으로 지적을 했을 때 시어머니의 입장은 어떻게 되는가? 사위 때문에 괴로워서 며느리에게 이야기를 꺼낸 상황이다. 이것은 사위가 공격자이며 딸이 피해자라는 것이다. 그런데 며느리는 그런 시어머니의 말에 동의하지 않고, 갑자기 자신이 시어머니에게 당했던 상황을 꺼낸다. 시어머니는 공격자 사위를 비판하고 있는데, 갑자기 자신도 공격자가 되었으니 매우 놀라게 된다. 이때 시어머니는 다음과 같이 말을 하며 자신이 공격자가 아님을 밝힌다. "세상이 변해도 너무 변했네. 어디서 며느리가 꼬박꼬박 말대꾸야! 나 때에는 이렇게 말도 꺼내지 못했어." 이 말은 그 순간 며느리가 버릇없게 시어머니를 공격했다는 의미가 된다. 며느리 입장에서는 자신이 공격자가 아닌데 그렇게 되었으니 혼란에 빠져 아무 말도 하지 못하게 된다. 시어머니는 '장유유서'[1]를 주장하겠지만, '내로남불'이며 꼰대를 증명하는 것이다. 시어머니가 자신의 편견을 바꾸

---

1 長幼有序. 오륜(五倫)의 하나. 어른과 어린이 사이의 도리는 엄격한 차례가 있고 복종해야 할 질서가 있음을 이른다.

지 않는다면 자녀 가족들의 이야기를 할 때에는 항상 심리게임이 벌어질 것이다.

요즘은 자녀들도 어른들이 펼치는 심리게임을 그냥 넘어가지 않는 편이다. 사회적인 분위기도 그렇고 자녀들도 힘든 심리게임을 겪고 싶지 않은 의지가 강해졌기 때문이다.

친구

친구관계가 좋다가도 안 좋아지는 경우가 있다. 안 좋지만 그래도 친구이기 때문에 관계를 끊지 않고 지내는 경우도 있다. 가까운 친구 사이에 벌어지는 심리게임이 있고, 거리가 있는 사회 친구 간에 벌어지는 심리게임이 있다. 그 내용들을 살펴보자.

1. 내가 문제지 + 도움 필요하면 연락해
2. 음, 근데 ~ 않을까?
3. 나한테는 안 하더니, 서운하네요
4. 그렇구나. 그런데 너는 ~
5. 이것은 내가 더 잘 하잖아

1. 내가 문제지 + 도움 필요하면 연락해

힘들어하는 친구로부터 전화가 오면 당연히 위로를 해 주게 된다. 얼핏 보면 매우 좋은 관계의 대화처럼 보인다. 하지만 여기에서도 심리게임이 벌어질 수 있다는 것을 알아야 한다. 그 사례를 살펴보자.

친구 안녕, 잘 지내지? 요즘 너무 힘들어서 전화해 봤어.

나 무슨 일이야? 지난 번 그 일이 아직 잘 해결되지 않은 거야?

친구 내 인생이 그렇지 뭐. 늘 안 좋은 일들만 생기더라고.

나 아니야, 누구나 그런 생각이 들 때가 있지만 또 좋은 일도 생겨. 조금만 참고 기다려 보자.

친구 에이 아니야, 나는 원래 그런 사람인 걸. 위로는 고맙지만 내 인생은 그냥 이런가 봐.

나 아니야, 네가 지금 마음이 많이 힘들어서 그래. 혹시 심리 상담이나 전문가의 상담을 받아 보는 것은 어떨까? 많이 도움이 될 것 같은데.

친구 말은 고마운데 그거 한다고 해서 내 인생이 달라질까 싶다. 내가 항상 문제지. 어쨌든 위로해 줘서 고마워.

나 그래. 힘내고, 언제든 도움 필요하면 연락해.

친한 친구 사이에 있을 수 있는 대화다. 위의 대화 내용만 보면 매우 훈훈한 분위기라는 것을 알 수 있다. 누구나 이렇게 위로를 해 주는 친구가 있다면 힘이 날 것이다. 그런데 만약 친구가 위로를 해 줄 때마다 저런 식으로 답변을 한다면 어떨까? 위로도 어느 정도까지 해 줄 수 있지 반복적으로 자신에 대해서 부정적으로 말을 한다면 위로를 중단하기로 마음먹을 것이다. 친구의 부정적인 이야기를 듣다 보면 내 기분도 같이 안 좋게 되니 그것을 계속 들어주는 것은 쉽지 않다. 친구는 부정적인 말만 거듭하고 있으니 자기부정$^{\text{I'm not OK}}$의 인생태도를 갖고 있다는 것을 확인할 수 있다. 그에게 어떤 좋은 말을 해주더라도 계속 자기부정의 말만 반복할 것이다.

여기에서 게이머는 '친구'에게만 해당될까? 그렇지 않다. '나'도 게이머일 수 있다. '나'는 '구원자'의 역할을 하고 싶어 하는 사람일 수 있다. 위의 '친구'와 같은 자기부정을 하는 사람으로부터 연락이 오기를 기다리는 사람이 있다. '친구'의 부정적인 이야기를 듣다 보면 나는 그에게 위로를 해줄 수 있다. 위로를 하기를 원하는 구원자에게 자기부정을 하는 친구처럼 좋은 희생자는 없다.

구원자 게이머는 "이제 괜찮아."라고 긍정적으로 말하는 친구에게도 계속 위로를 하는 경우가 있다. 만약 친구가 "이제 더 이상 나에게 위로를 하지 않아도 돼. 내가 알아서 할게."라고 말을 한다면, 나는 "난 그냥 널 도와주려고 한 것 뿐인데 내가 널 귀찮게 했구나." 처럼 말을 하게 된다. 구원자 게이머가 흔히 쓰는 「널 도우려고 했을 뿐이야」 게임이다. 구원자 게이머는 '내가 아니면 누가 너를 도와주겠니?'라는 생각을 버려야 한다.

구원자 게이머는 상대의 부탁에 거절을 하는 경우가 거의 없다. 갑작스런 요구에도 항상 그 요구를 들어주는 사람이다. 그래야 어느 순간에서도 자신이 구원자가 될 수 있기 때문이다. 만약 구원자 게이머가 개인적인 이유로 상대의 부탁을 거절하게 되면 어떻게 될까? 거절을 했다는 것은 구원자가 되지 못한 것뿐만 아니라 공격자가 되었다고 생각하게 만든다. 그래서 구원자 역할을 원하는 게이머가 공격자가 되는 선택을 하는 경우는 거의 없다.

위의 사례에서 전화를 한 친구는 희생자 게이머가 맞다. 전화를 받은 '나' 또한 게이머인지 아닌지를 판단하는 평소의 모습을 더 살펴보면 된다. 반복적이라면 게이머가 맞다. 둘 다 게이머라고 한다면 이들은 서로 원하는 스트로크를 얻고 있는 것이며, 자신이 고집하는 인생태도를 확인하고 있는 것이다. '친구'는 자신에게 문제가 있다는 사기부정$^{\text{I'm not OK}}$의 이야기를 '나'에게 이야기하지만 절대로 '나'의 위로를 받아들이지 않음으로 자기부정을 유지하고 있고, '나'는 상대가 원하든 원하지 않든 계속 구원자의 역할을 하고 있다. 위의 사례보다 조금 더 심한 대화를 살펴보자.

친구 안녕, 잘 지내지? 요즘 너무 힘들어서 전화해 봤어.

나 무슨 일이야? 지난 번 그 일이 아직 잘 해결되지 않은 거야?

친구 내 인생이 그렇지 뭐. 늘 안 좋은 일만 생기더라고.

나 아니야, 누구나 그런 생각이 들 때가 있지만 또 좋은 일도 생겨. 조금만 참고 기다려 보자.

친구 에이 아니야, 나는 원래 그런 사람인 걸. 위로는 고맙지만 내 인생은 그냥 이런가 봐. 나한테 문제가 있는 것 같아. 네가 봐도 나한테 문제가 있지 않니?

나 아니야, 네가 힘들어서 그렇게 생각하는 것 같아.

친구 사실 너도 나를 이상하게 생각하지 않니? 너도 내가 이상하면 이상하다고 말을 해. 그렇게 말을 돌려서 할 필요 없어.

나 야, 넌 이게 문제야. 내가 언제 그렇게 생각했다고 했니? 너 혼자 그렇게 상상하지 마.

이전 사례와 대화의 시작은 같지만 뒤로 가면 갈수록 친구가 점점 도발을 한다. 친구의 말에 '전환'은 어느 부분일까? "사실 너도 나를 이상하게 생각하지 않니? 너도 내가 이상하면 이상하다고 말을 해. 그렇게 말을 돌려서 할 필요 없어." 이 말에서 전환이 일어났다. 이 전환을 하기 위해서 친구는 "네가 봐도 나한테 문제가 있지 않니?"에서 미끼를 제대로 던졌다. 교류분석을 아는 사람이라면 저 미끼를 들었을 때 반응을 보이는 것에 대해서 조심하고 전환까지 진행되지 않도록 말을 아낄 것이다. 하지만 대부분의 사람들은 "야, 넌 이게 문제야."라는 식으로 말을 할 수밖에 없다. 게이머는 자신이 원하는 자기부정$^{I'm\ not\ OK}$을 확인하는 답변을 들음으로 심리게임은 끝이 나게 된다. 상대는 그렇게 말할 의도가 전혀 없었지만 게이머의 말에 휘둘려 그가 원하는 대로 답변을 했다.

2. 음, 근데 ~ 않을까?

친구에게 이직 고민에 대한 전화가 왔다. 지금 다니는 직장에서 힘든 상황이 발생했다는 것을 예상할 수 있었다. 자초지종을 듣고 친구에게 이직을 하는 것이 좋겠다고 권유를 해 보았지만 그는 우유부단한 태도를 보인다. 그 대화를 살펴보자.

서윤 야, 너 지금 통화 돼?
지수 어, 통화 가능해. 무슨 일 있어?
서윤 나 지금 너무 화가 나서 전화했어. 너 지난 번 내가 말했던 박과장 알지? 매번 나한테 뭐라고 한다는 그 사람

있잖아.

지수 어, 너 회사에 그 짜증난다는 과장? 지난 번 말했지.

서윤 그 사람이 오늘 또 내 일에 사사건건 트집을 잡는 거야. 진짜 나 계속 회사 다녀야 할까?

지수 아이고 많이 힘들었겠네. 그렇게 스트레스 받으면 차라리 회사를 그만두는 게 낫지. 다른 회사를 찾아봐.

서윤 음, 근데 이 회사를 당장 그만두면 다른 회사를 찾을 때까지 시간이 많이 걸리지 않을까?

지수 그렇겠지? 그럼 우선 좀 참고 다녀 보면서 다른 회사를 찾아봐야겠네.

서윤 음, 근데 이 회사를 계속 다니다가는 내가 화병으로 제 명에 못 살 것 같아.

지수 그래? 휴직 신청을 해 보는 것은 어떨까?

서윤 음, 근데 내 조건에 신청할 수 있을지 모르겠어. 결혼도 안 하고 애도 없어서 아마 안 되지 않을까?

지수 그렇겠네... 서윤아, 내가 조금 이따가 전화할게. 전화 온다.

전형적인 「음, 근데」 게임을 하는 서윤. 아마 많은 사람들이 익숙하게 겪었던 심리게임일 것이다. 서윤은 자기긍정$^{\text{I'm OK}}$, 타인부정$^{\text{You're not OK}}$의 인생태도를 갖고 있다. 그래서 조언을 듣고자 전화를 한 것처럼 보이지만 지수의 의견을 전혀 듣지 않는 대화로 일관하고 있다.

「음, 근데」 게임을 하는 게이머를 만나 대화를 해 보면 말장난을 하는 것처럼 느껴진다. 이직을 할 당사자는 본인 자신이다. 상황을 가장 잘 알고 있는 것도 본인이고 결정을 하는 것도 본인이다. 그런데 결단은 하지 않고 말만 계속 빙빙 돌리고 있다. 이직을 하고 싶다고 말은 하지만 현재 다니고 있는 회사를 그만둘 수 없는 이유를 조목조목 대면서 상대방의 진을 빼놓고 있다. 이야기를 듣던 지수는 참다 참다 '그럼 어쩌라는 것인가'라는 생각에 '구원자' 역할을 그만하기로 마음먹는다. 마지막에 지수는 짜증이 나 다른 전화가 온 것처럼 설정을 해서 서윤과의 대화를 끝낸다. 하지만 이미 '음, 근데'라는 말을 세 번이나 들었다. 서윤이는 이미 심리게임을 다 진행한 것이다.

서윤이는 자신에게 부족한 스트로크를 채우기 위해서 만나는 상대마다 동일한 「음, 근데」 게임을 할 것이다. 오랫동안 주변의 지인들에게 자신의 이직에 대한 고민을 이야기했지만 정작 서윤이는 이직을 하지 않았다. 사람들은 그의 고민인 이직에 초점을 맞춰 대화를 하겠지만 그가 진행하는 심리게임에 초점을 맞춰 대처해야 한다. 그가 인생태도인 타인부정$^{\text{You're not OK}}$을 확인하는 심리게임을 한다는 것을 알아야 한다.

3. 나한테는 안 하더니, 서운하네요

성주와 민호는 같은 독서 모임에 소속되어 있다. 평소 자신에게 지지를 보내 주는 민호에게 성주는 자신이 속한 비즈니스 모임을 소개했다. 민호는 낯선 모임에 가는 것이 꺼려지기는 했지만 성주와 더 친해지고 싶어서 성주를 믿고 용기를 내 새 모임에 참여를 했다. 그 이야기를 보자.

성주 민호님, 이번 주 토요일에 '비즈니스 모임'이 있는데 같이 가실래요? 인맥도 넓히고 정보도 얻고 무엇보다 사람들이 다 좋아요. 분명 도움이 될 거에요.
민호 저는 그런 자리가 좀 어색할 것 같은데, 괜찮을까요?
성주 그럼요, 제가 있잖아요. 어색하지 않게 도와줄게요. 저만 믿으세요.

(토요일, 성주는 비즈니스 모임에서 민호를 간단하게 소개한 후에 친분 있는 사람 옆으로 이동했다. 성주는 자신이 데리고 온 민호 옆 자리로 가지 않고 기존 회원들과 이야기를 나눌 뿐이다. 민호는 그 자리가 어색해 화장실에 갔다 와서 스마트폰을 보고 있었는데, 마침 가까이 있던 기현씨가 다가와 말을 건넨다)
기현 반갑습니다. 저희 모임에서 종종 특강 형태로 워크샵을 진행하는데 다음주 토요일에 해요. 관심 있으시면 다음주에도 꼭 오세요. 그때도 뵈면 좋겠네요.
민호 네, 말씀 감사합니다.

(이때 성주가 갑자기 돌아와 기현씨와 민호의 대화에 끼어든다)
성주 기현씨는 나한테는 아는 척도 안 하더니 오늘 처음 보는 민호님에게는 친절하게 말을 하네요.
기현 아니 무슨 섭섭한 말씀을? 다음주에 특강이 있으니 꼭 오시라고 안내해 드렸어요.
성주 그건 제가 전달해 주면 되는데, 암튼 서운하네요.

(기현씨는 난감한 표정으로 자리를 옮겨 민호 옆으로 갔다)
성주 기현씨는 나한테는 오늘 관심도 없더니 민호님한테는 친절을 베푸네요.
민호 제가 처음 왔고, 혼자 있어서 그런 거겠죠.
성주 원래 먼저 누구 챙기는 사람이 아닌데, 제가 좀 기분이 안 좋네요.

성주는 왜 기분이 나빴을까? 그리고 기현씨에게는 어떤 잘못이 있을까? 여기에서 게이머는 성주다. 성주가 기분 상했다고 말한 이유는 기현씨가 자신을 무시했다고 판단을 했기 때문이다. 그렇다면 기현씨가 진짜 성주를 무시했을까? 그런 근거는 전혀 찾을 수 없다. 모임에 처음 참석을 한 민호에게 말을 걸어준 기현씨는 매우 적절한 행동을 한 것이다. 하지만 성주는 그 행동 때문에 마음에 상처를 받았다.

성주는 자기부정$^{\text{I'm not OK}}$의 인생태도를 가졌을 가능성이 크다. 그 결과 '나는 무시당했어'라는 결론을 내린다. 이것은 자격지심이라고 할 수 있으며, $C^{아이}$가 $A^{어른}$을 오염시킨 것과 동일하다. 아마도 성주는 과거에 이와 비슷한 경험을 겪었고 그때의 기억을 떠올려 지금의 상황에 동일하게 적용하고 있는 것으로 보인다.

성주는 이미 두 개의 모임에 참여하고 있었다. 독서 모임과 비즈니스 모임. 민호가 성주를 따라서 비즈니스 모임까지 온 것을 보니 독서 모임에서는 성주의 이상한 모습을 보지 못한 것 같다. 기현씨와의 대화에서도 성주는 확실한 게이머다. 좀 더 지나면 민호는 분명 성주의 심리게임을 더 많이 보게 될 것이고, 비즈니스 모임에서 보여준 '자격지심'의 말도 반복적으로 듣게 될 것이다. 게이머는 습관적이면서 무의식적으로 심리게임을 진행하기 때문에 이번 모임과 비슷한 상황이 펼쳐지면 성주의 동일한 심리게임을 쉽게 보여줄 것이다.

드라마 삼각형도 따져보자. 기현씨는 새로 참여한 민

호를 챙기고 있다. 그것은 구원자의 역할을 하고 있는 것이다. 민호를 데리고 온 성주도 기현씨에게 고마워해야 하는 상황이다. 그런데 성주의 반응은 어떠했는가? "기현씨는 나한테는 아는 척도 안 하더니 오늘 처음 보는 민호님에게는 친절하게 말을 하네요." 이 말을 보면 성주는 기현씨가 자신에게 아는 척을 하지 않아 기분이 나빴다는 것을 알 수 있고, 이것은 기현씨가 공격자이며 자신이 희생자가 되었다는 것을 말하는 것이다. 전환이 이루어졌다.

만약 기현씨가 없었다면 이런 일이 벌어지지 않았을까? 그렇지 않다. 또 다른 사람을 선택해서 그를 공격자로 만들고 자신은 희생자가 될 것이다. 성주에게 이런 모임은 심리게임을 할 수 있는 장이 된다.

4. 그렇구나. 그런데 너는 ~

가현이와 윤정이는 친구 관계이며, 둘 다 20대 여성이다. 가현이는 계약직이지만 국내 유수의 대기업에 다니고 있으며, 2년 후에는 정규직으로 전환될 수 있는 기회가 있어 열심히 노력하고 있는 중이다. 가현이는 윤정이와 통화를 하다가 기분이 이상해지는 것을 종종 느낀다. 그 대화를 살펴보자.

사례 1

가현 요즘 실적 때문에 많이 힘들었는데 좋은 선배님들을 만나서 그래도 버틸 수 있는 것 같아.
윤정 그렇구나. 그런데 넌 계약직이라서 불안하지 않니?

사례 2

가현 요즘 프로젝트를 하고 있는 게 있는데 나한테 일이 몰려서 너무 힘들어.
윤정 그렇구나. 그런데 넌 거절을 잘 못하는 성격이잖아.

사례 3

가현 어제 엄마 생신이라서 가족들이 다 모여서 저녁을 먹었어.
윤정 그랬구나. 그런데 너 아버지가 안 계셔서 좀 우울했겠다.

가현이는 윤정이와 대화를 한 후 기분이 나쁜 이유를 자신에게서 찾기도 했었다. 자신의 자격지심 때문에 친구를 오해하는 것 같다고 생각한 것이다. 그러나 시간이 지날수록 자신이 이상한 것이 아니라 친구가 이상하다는 생각을 하게 되었다. 다른 친구와는 괜찮지만 윤정이와 대화만 하면 엊짢은 기분을 느끼게 되는 대화를 반복적으로 하게 된다는 것을 인식하게 된 것이다. 가현이는 윤정이를 또 만나게 될까 두려워 연락을 끊기로 마음먹었다. 그런데 어느 날 갑자기 윤정이에게 메시지가 왔다.

(문자로 나누는 대화)
윤정 너는 매번 이런 식이야. 내가 먼저 연락해야 만나고...
가현 미안. 내가 요즘 좀 바빴어.
윤정 뭐가 바빠? 그리고 아무리 바빠도 연락 한 번을 못 하니?
가현 미안해.

좀 이따가 윤정이로부터 더 긴 장문의 메시지가 왔는데, 가현이를 비난하는 내용으로 가득차 있었다. 가현이는 더 이상 답장을 하기 싫어 윤정이를 차단해 버렸다.

게이머는 윤정이다. 윤정이의 인생태도를 먼저 살펴보면 타인부정$^{You're\ not\ OK}$이라는 것을 알 수 있다. 그래서 가현이의 상황을 항상 안 좋게 보는 것이다. 윤정이가 가현이를 부정$^{not\ OK}$으로 표현한 것은 다음과 같다.

"그런데 넌 계약직이라서 불안하지 않니?"
"그런데 넌 거절을 잘 못하는 성격이잖아."
"그런데 너 아버지가 안 계셔서 좀 우울했겠다."

윤정이는 가현이와 대화를 할 때마다 무시하는 말을 곧잘 했다. 마치 "네가 무엇을 할 수 있겠어."라고 말하는 것과 같다. 이것은 특정 인물에 대한 편견과도 같다. 타인부정에서 그 타인^{You}이 가현이인 것이다. 만약 가현이가 어떤 일을 잘 하더라도 "그런데 넌 ~이잖아."라는 식으로 안 좋게 지적할 것이다.

편견은 P^{부모}가 A^{어른}을 오염시킨 것과 같다. 윤정이는 마치 자신은 어른이고 가현이는 아이인 것처럼 여기며 비난하고 있다. 둘이 동갑 친구 관계인데 이런 시각으로 본다는 것은 문제다. 가현이의 경우 이와 같은 친구를 만나지 않는 것이 가장 좋은 방법이다. 왜냐하면 윤정이와 같은 사람들은 자신의 편견을 쉽게 고치지 않기 때문이다.

가현이는 윤정이에게 한동안 연락을 하지 않았다. 여기까지는 잘 대처를 한 것이다. 하지만 게이머인 윤정이가 가만히 있겠는가. 당연히 가현이에게 먼저 메시지로 연락을 했다. 심리게임을 아는 사람은 여기에서 '게이머가 미끼를 던지는 구나'라고 판단을 할 수 있다.

윤정이는 미끼를 제대로 던졌다. '너는 매번 이런 식이야'라는 표현이 매우 좋은 미끼다. '매번'이라는 단어를 쓰면 그 단어를 듣는 가현이 입장에서는 '난 매번 이런 게 아닌데'라는 생각이 들어 해명의 답변을 하고자 마음을 먹는다. 하지만 그것은 미끼를 무는 것이다. 여기에서 가현이는 바로 "미안해."라는 말을 했다. 윤정이가 심리게임을 이어 갈 수 있는 기회가 만들어진 것이다. 가장 좋은 방법은 메시지가 왔을 때 그 내용이 너무 기분 나쁘고 억울해도 아무런 반응을 보이지 않는 것이다. 미끼를 물지 않았으니 게이머로부터 더 심한 메시지가 또 올 수 있다. 하지만 그때에도 절대로 반응을 해서는 안 된다. 그렇게 되면 심리게임은 공식대로 진행이 되지 않는다.

드라마 삼각형으로 분석을 해 보자. 윤정이가 말한 "그렇구나. 그런데 넌 계약직이라서 불안하지 않니?"라는 말은 윤정이가 가현이를 공격하는 것이다. 가현이는 계약직이라는 이유로 공격을 받을 이유가 없다. 윤정이는 가현이를 공격하는 것이 목적이기 때문에 저런 말을 하는 것이다. 가현이는 윤정이와 대화를 할 때마다 항상 공격을 당하는 희생자가 될 수밖에 없다.

윤정이의 공격은 문자 메시지에서도 나타났다. "너는 매번 이런 식이야. 내가 먼저 연락해야 만나고..."라는 표현은 "가현이 너는 매번 나를 공격하고 있어."라고 말하는 것과 같다. 가현이는 그 말을 그대로 받아들여 "미안해."라고 응답을 한다. 자신이 공격을 했다는 것을 인정하는 반응이다. 하지만 아마 기분이 이상했을 것이다.

가현이는 윤정이와 서로 연락을 하는 상황에서도 공격을 당하고, 연락을 끊어도 한참 후에 메시지로 또 공격을 당한다. 윤정이는 CP$^{비판적 부모}$가 높을 것으로 예상이 된다. 그래서 가현이처럼 만만한 상대에게 비난의 공격을 하는 것이다. 타인부정$^{You're\ not\ OK}$에다가 편견도 있고 CP도 높은 윤정이에게 친한 친구가 있을까? 그럴 리 없다. 주변에서도 "윤정이랑 말 섞지 마. 분명 이상한 말을 하니까 조심해."라고 귀띔을 해 줄 것이다. 그런데도 마지막까지 윤정이에게 먹잇감이 되는 사람이 있다. 그는 마치 가현이처럼 냉정하지 못하고 결단력이 없는 사람일 가능성이 크다. 이런 사람을 좋게 말해서 '착한 사람'이라고 하지만 실상은 게이머들의 먹이일 뿐이다.

5. 이것은 내가 더 잘 하잖아

형배와 민구는 친구 사이이며 같은 직장에 다니고 있었다. 둘은 송팀장 밑에서 일할 때 너무 힘들었기 때문에 종종 만나면 송팀장에 대한 뒷담화를 나누었다. 그 대화를 살펴보자.

형배 팀이 바뀌어서 정말 다행이야. 송팀장은 요즘 뭐하나?

민구 계속 그 팀에 있지. 그 팀에 있는 사람들도 힘들다고 하더라고.

형배 송팀장은 자기만의 원칙이 있고 너무 원칙주의다 보니 답답해. 그래도 성과는 좋았잖아. 그러니까 계속 인정받고 팀장을 하는 거지.

민구 송팀장이 성과는 좋지만 B프로젝트를 할 때는 내가 더 잘 했잖아. 그래서 나한테 같이 하자고 제안을 한 거 아냐. 내가 더 살하는 걸 인정한 거라고.

(며칠 후 식사를 하면서 대화를 한다)

형배 일은 잘 되고 있어? 이번에 새로운 일을 맡았다면서?

민구 음. 내가 사람들과 관계는 좋잖아. 이 점은 내가 송팀장보다 잘 한다고. 송팀장은 아마 자기 팀에서 내가 나온 걸 후회하고 있을 거야.

형배 야, 넌 매번 송팀장과 비교를 해? 송팀장 이야기를 하면서 너를 높이는 것으로 결론이 나냐? 너 애정결핍 아냐?
민구 뭔 소리야. 내가 왜?

  이 대화에서 송팀장이 게이머인지 아닌지는 알 수가 없다. 왜냐하면 송팀장이 힘들게 했다는 말만 있지 어떤 식으로 말을 해서 힘들게 했는지는 나와 있지 않기 때문이다. 심리게임이 벌어졌는지를 알기 위해서는 대화 내용을 반드시 확인해야 한다.

  여기에서 게이머는 민구다. 민구는 자신의 자존감을 높이기 위해서 송팀장과 비교하는 말을 반복적으로 하고 있다. 특정 분야에서 자신이 송팀장보다 더 낫다는 말을 자주 한다. 민구는 자기긍정$^{I'm\ OK}$, 타인부정$^{You're\ not\ OK}$일 가능성이 크다. 그런데 송팀장을 통해서 그 인생태도를 인정받지 못했다. 오히려 자기부정$^{I'm\ not\ OK}$을 강요받았다. 송팀장의 팀 안에서 민구는 제대로 일을 하지 못한 사람이 되었으니 그것을 다시 바로잡아야 할 필요가 있었다. 그렇게 하기 위해서는 송팀장의 능력이 부정$^{not\ OK}$되어야 하고 자신이 긍정^{OK}이 되어야 한다. 그리고 그것을 형배에게 말을 함으로 확인되어야 한다. 만약 형배가 "맞아. 네가 그 부분은 송팀장보다 훨씬 잘 해. 인정!"이라고 말을 했다면 민구가 원하는 대화가 되는 것이다. 하지만 형배 입장에서는 자꾸 송팀장과 자신을 비교하는 민구의 말을 반복적으로 듣는 것이 점점 지겹게 느껴진다.

드라마 삼각형으로 보자. 민구는 자신이 특정 상황에서 구원자임을 계속 말하고 있다. 이것은 듣는 사람으로 하여금 잘난 척하는 것으로 보일 뿐이다. 자기 입으로 자신이 잘 한다고 하니 그것을 듣기 좋아하는 사람은 없을 것이다. 송팀장과 비교를 하는 것은 자신은 구원자인데 송팀장이 그것을 알아보지 못하고 자신을 공격해서 오히려 희생자가 되었음을 말하는 것과 같다. 즉, 민구는 일이 잘 풀리지 않을 때마다 누군가 공격자를 찾아야 하는 것이다. 그 사람 때문에 자신이 희생되었다는 것을 말해야 한다. 그래서 민구는 단순히 송팀장과의 문제만 있는 것이 아닐 수 있다. 다른 팀에 소속이 되더라도 성과가 나오지 않으면 또 그 팀장 때문에 그렇게 된 것으로 책임을 돌릴 것이 예상된다. 그리고 그 팀장보다 자신이 무엇을 더 잘 하는지를 찾아서 직접 자기 입으로 말을 한다.

민구는 자신의 모습에 대해서 객관적인 평가를 하지 못하고 있다. PAC의 $A^{어른}$가 오염되어 있는 모습이다. 스스로에게 하는 평가가 좀 유치한데 그것은 $C^{아이}$가 $A^{어른}$를 오염시킨 자격지심의 모습과도 유사하다. 그래서 민구는 다음과 같은 자격지심의 말들을 할 수 있다.

"송팀장이 나를 질투하는 것 같아. 그러니까 내가 잘 하는 일은 안 시키잖아."

"송팀장은 내가 다시 자기 팀으로 가기를 원하는 것 같아. 나를 인정한 거라고."

"송팀장은 내가 잘 하는 꼴을 못 본다고. 그래서 나를 비난하는 거야."

자존감이 높아 보이지만 사실은 그 반대다. 자존감이 낮기 때문에 그것을 감추기 위해서 자신을 일을 잘하는 사람으로 보이려고 노력하는 것이다. 그래서 민구의 인생태도는 자기긍정$^{I'm\ OK}$처럼 보이고 싶어하는 자기부정$^{I'm\ not\ OK}$이다. 그는 자기긍정처럼 보이고 싶어 어떤 조작을 할 가능성도 있다. 잘 나가는 사람, 성공한 사람, 돈이 많은 사람, 좋은 직업의 사람처럼 보이고 싶은 것이다.

자녀

부모와 자녀는 그 어떤 관계보다도 말을 더 편하게 할 수 있는 관계다. 그래서 강요와 거절도 그 어떤 관계보다 훨씬 더 많이 이루어진다. 그런 점에서 심리게임이 쉽게 일어날 수 있는 관계라고 할 수 있다. 어떤 사례들이 있나 살펴보자.

1. 나 ~ 못하면 다 엄마 때문이야
2. 이런 말을 하는 내가 미쳤지
3. 내가 널 위해서 얼마나 노력했는데
4. 엄마 말을 들으면 자다가도 떡이 생긴단다
5. 내가 안 한다고 했잖아

1. 나 ~ 못하면 다 엄마 때문이야

내일 아침 중요한 시험이 있다며 엄마에게 깨워 달라고 부탁하는 준서의 이야기다. 아마 거의 대부분의 자녀들이 시험 기간에 엄마에게 요청하는 부탁일 것이다.

준서 엄마, 내가 알람을 맞추고 자긴 하는데 그래도 모르니까 7시에 꼭 깨워 줘야 해.

엄마 그래, 7시면 돼?

준서 음.

(다음날 아침 7시)

엄마 준서야, 어서 일어나. 7시야.

준서 10분만 더 잘 게.

엄마 중요한 시험이라며, 얼른 일어나.

준서 10분만 더 잔다고…

(7시 10분)

엄마 10분이야, 어서 일어나.

준서 아직 괜찮아. 좀만 더 잘 게.

엄마 몰라. 그럼 너 알아서 해. 나도 할 일 있어.

(준서는 7시 30분이 넘어서 일어났다)

준서 아, 진짜, 내가 7시에 깨워 달라고 했는데 왜 안깨웠어? 나 시험 못 보면 다 엄마 때문이야!

자녀가 부모에게 심리게임을 쓰는 경우는 많다. 부모는 게이머 상대가 자녀이기 때문에 참고 그냥 넘길 뿐이다. 시험을 앞두고 있는 자녀들은 위와 같은 심리게임을 거의 다 할 것이다. 일단 깨워 달라고 엄마에게 부탁을 한다. 이것은 준서 입장에서 부모에게 구원자가 되어달라고 부탁을 하는 것이다. 하지만 이후에 제대로 깨우지 못하게 되면 엄마는 공격자가 되고 준서는 희생자가 된다. 엄마가 잘 깨우기만 하면 문제가 되지 않지만 그게 제대로 될 가능성은 낮다. 늦게까지 공부한 자녀는 늦잠을 잘 가능성이 크며, 제대로 일어나지 않고 또 잘 것이다. 준서는 엄마가 여러 번 깨운 것을 모르니 엄마가 원망스러울 뿐이다.

아들은 원래 게이머가 아닐 수도 있다. 그런데 왜 심리게임을 했을까? 그것은 잠을 자다가 벌어지는 일이기 때문이다. 잠결에 깨우면 짜증나는 감정 때문에 심리게임의 말이 훨씬 쉽게 나온다. 그래서 잠을 깨우는 부탁을 받게 된다면 주의해야 한다. 혹시 자녀가 이미 이런 식으로 여러 번 심리게임을 했다면 이젠 분명하게 거부하자. 이때 부모가 해야 하는 방법 두 가지를 소개하겠다. 그것은 '거부하기'와 '증거 만들기'다.

먼저 '거부하기'를 보자. 깨워달라고 요청을 하면 "네가 알아서 일어나. 깨워도 일어나지 않고 나중에 딴 소리를 하니까 네가 직접 알람을 맞춰 놓고 일어나. 알람 하나로 안 되면 두 개로 해." 이렇게 말함으로 그 책임으로부터 벗어나야 한다. 그러면 나중에 자녀가 부모에게 책임을 전가할 수 없게 된다.

다음은 '증거 만들기'다. 많은 부모들이 "그래도 어떻게 안 깨워요? 그러면 진짜 일어나지 못해서 시험을 망치게 되잖아요. 어쩔 수 없이 깨우게 된다고요."라고 말을 한다. 그렇다면 깨우기로 약속을 하자. 그대신 깨우는 장면을 영상으로 찍자. 자녀가 나중에 책임을 돌리게 될 때 이 증거 영상이 부모를 보호해 줄 것이다. 잠결에 벌어진 일을 자녀가 기억하지 못해 벌어지는 일인데 영상은 그 진실을 보여주게 된다. 너무 가혹하다고 생각하지 말자. 자녀가 심리게임을 쓰지 않도록 도와주는 효과가 있다.

자녀가 이런 심리게임을 한다고 너무 걱정하지 않아도 된다. 시험기간에만 주로 사용하기 때문이다. 하지만 성인이 되어서도 비슷한 심리게임을 한다면 그것은 문제다. 결국 이것은 남탓을 하는 것이며, 타인부정 You're not OK의 모습이다. 인생태도를 고치지 않는 이상 상대를 공격자로 만들고 자신은 희생자가 되는 대화를 멈추지 않을 것이다.

PAC 분석을 해 본다면 A어른가 제대로 작동을 하지 않는 것이다. 자신의 책임인데 그것을 제대로 파악하지 못하는 것이다. 그리고 NP양육적 부모보다는 CP비판적 부모가 높다. 그래서 자책을 하기 보다는 상대를 비판한다. 이 부분에 대해서 좀 더 알아보자.

타인부정$^{You're\ not\ OK}$과 높은 CP의 자아상태라면 부모에게 심한 말을 할 수도 있다. 만약 자녀가 제 시간에 일어나지도 못했고 시험까지 망쳤다면 자녀는 모든 책임을 부모에게 돌릴 것이다.

반대로 자녀가 자기부정$^{I'm\ not\ OK}$과 높은 NP의 자아상태라면 자책을 하며 모든 책임을 자신에게 돌릴 것이다. 이런 경우 부모는 자녀를 격려하게 되지만 자녀의 낮은 자존감은 쉽게 회복되지 않는다.

2. 이런 말을 하는 내가 미쳤지

엄마 우리 딸, 오늘 표정이 왜 그래?
딸 난 참 되는 일이 없어. 잘 하는 게 하나도 없는 것 같아.
엄마 대체 무슨 일인데 그래?
딸 친구들은 다 잘나가는 것 같은데, 나는 학벌도 안 되고, 금수저도 아니야.
엄마 그래도 너 잘하는 게 많아. 곧 좋은 일이 생길 거야.
딸 아니야, 이번 생은 망했어.
엄마 기운을 좀 내봐.
딸 나 좀 금수저로 살게 재벌가에 낳아 주지!

엄마 또 그런다. 왜 그렇게 부정적인 말만 하니 너는!
딸 거봐! 엄마도 나를 한심하게 여기잖아.
엄마 그게 아니라 네가 자꾸 부정적인 말만 하니까 그렇지.
딸 엄마한테 말해 봤자 공감도, 위로도 못받을 것 뻔히 알면서 내가 미쳤지.

딸의 말을 보면 자기부정$^{I'm\ not\ OK}$인 것을 확인할 수 있다. 자존감이 약한 사람에게 조언을 하더라도 쉽게 극복이 되지 않는 것을 우리는 주변에서 많이 겪게 된다. 그것은 그들의 인생태도가 바뀌지 않았기 때문이다. 주변의 조언 정도로 인생태도는 그리 쉽게 바뀌지 않는다. 하지만 주변 지인들은 힘들어하는 그의 말을 듣고 바로 조언을 하게 된다. 위 엄마와 딸의 사례도 그렇다.

딸이 "엄마도 나를 한심하게 여기잖아."라고 말을 했다. 엄마에게 전환의 말을 한 것이다. 엄마는 딸을 한심하게 생각한 적이 없지만 딸의 말에 의해 엄마는 갑자기 공격자가 되었다. 황당함을 느낀 엄마는 그것에 대해서 대처를 한다. "그게 아니라 네가 자꾸 부정적인 말만 하니까 그렇지." 이 말은 의미는 다음과 같다. "나는 널 공격한 것이 아니라 위로를 한 거야. 난 구원자라고." 이 말을 듣고 딸이 한 말 "엄마한테 말해 봤자 공감도, 위로도 못받을 것 뻔히 알면서 내가 미쳤지."의 의미는 다음과 같다. "엄마는 구원자가 아니야. 엄마가 공격할 것을 뻔히 알면서 내가 왜 엄마한테 말을 했을까! 엄마는 역시 공격자야."

딸은 자기부정$^{I'm\ not\ OK}$과 타인부정$^{You're\ not\ OK}$ 모두에 해당된다. 그리고 NP$^{양육적\ 부모}$보다 CP$^{비판적\ 부모}$가 높다. 자신이 불행한 이유는 엄마 때문이고 그것으로 엄마를 비판하고 있는 것이다. 딸에 대한 내용을 정리해 보면 다음과 같다.

I'm not OK 자신이 불행하다고 여기는 것
You're not OK 내가 불행한 건 가난한 집안에 태어났을 뿐만 아니라 그것을 공감하지 못하는 엄마 때문이라고 생각하는 것
CP 상대에게 화를 내며 공격하는 것

이런 심리게임의 대화는 자녀가 사춘기일 때 많이 벌어진다. 그래서 자녀의 보통 때와 사춘기 때를 잘 구분해서 대처를 해야 한다. 질풍노도의 시기에는 부모가 자녀의 심리게임을 참고 그 시기가 지날 때까지 기다려 주는 것이 필요하다.

3. 내가 널 위해서 얼마나 노력했는데

 어느 집이나 아이를 키우다 보면 핸드폰 게임을 하는 것 때문에 아이와 갈등이 생긴다. 부모가 그만 하라고 이야기를 해도 하던 게임을 쉽게 중단하지 않는다. 그 대화를 살펴보자.

엄마 엄마가 하라는 숙제 다하고 노는 거니?
아들 우선 지금 하고 있는 게임 좀 끝내고요. 진행 중이라…
엄마 몇 번을 말해야 엄마 말을 들을 거니? 학생이 숙제도 안 하고 게임을 하면 어쩌자는 거야?
아들 휴, 엄마! 제발 그만 좀 하세요.
엄마 또 또 소리 지르네! 엄마가 세상에서 소리 지르는 사람이 제일 싫다고 했지? 너 자꾸 이럴 거니?
아들 내가 소리 지르는 건 다 엄마 탓이에요. 제발 그만 좀 하라구요.
엄마 내가 널 위해서 얼마나 노력했는데 네가 나한테 이럴 수 있어?
아들 또 그 소리. 휴~

 이 대화에서는 엄마와 아들 둘 다 게이머라고 할 수 있다. 먼저 아들을 살펴보자. 아들은 분명 숙제를 마쳐야 편히 놀 수 있다는 사실을 알고 있지만 숙제를 하기 전에 게임을 하고 있다. 엄마가 와서 지적을 해도 게임을 중단하지 않는다. 오히려 엄마에게 큰 소리를 치고 있다. "휴, 엄마! 제발 그만 좀 하세요." 이 말은 "엄마, 날 공격하지 마세요."라고 하는 것으로, 엄마가 공격자이며 자신은 희생자라고 말을 하는 것이다. 하지만 엄마는 아들과 정한 약속의 내용을 말하고 있는 것뿐이다.

여기에서 심리게임은 더 이어진다. 엄마는 아들이 소리를 지르는 상황이 잘못되었음을 지적한다. 하지만 아들은 그것도 엄마 탓으로 돌려 버린다. 즉, 아들은 자신에게 아무런 문제가 없다고 말을 하는 것이며, 만약 문제로 보이는 것이 있다면 그것은 다 엄마 때문이라고 하는 것이다. 아들의 문제를 지적하러 온 엄마는 아들의 심리게임으로 인해서 공격자가 되었다.

이 심리게임은 아들이 핸드폰 게임을 하고 있는 상황에서 벌어졌음을 알아야 한다. 모든 아이들이 핸드폰 게임을 할 때 엄마에게 이렇게 말을 하는 것은 아니지만, 핸드폰 게임을 하고 있는 상황 자체가 아이로 하여금 심리게임을 하는데 명분을 준다. 서로 정한 약속보다도 진행하고 있는 핸드폰 게임을 중단하지 않는 것이 더 중요하게 작용하기 때문이다. 그래서 대부분의 부모는 화를 내게 되어 있으며, 자녀는 억울하다는 듯 심리게임을 하게 된다.

위와 같은 사례가 벌어질 때마다 아이는 다음부터 규정을 잘 지킬 것처럼 말하겠지만 실제로 그렇게 되는 경우는 별로 없다. 이 모습은 「날 차버려」 게임을 하고 있는 것처럼 보인다. 남이라면 쉽게 차 버릴 수 있다. 하지만 엄마와 아들의 관계다 보니 그렇게 할 수 없고 심리게임만 계속 반복된다. 그러다 보면 자녀는 어느새 성인이 되고 이 심리게임은 자연스럽게 중단이 된다. 하지만 중단이 되지 않는 자녀는 어떻게 될까? 심리게임의 주된 상대를 엄마에서 아내로 바꿀 것이다.

이번에는 엄마의 대화를 살펴보자. 엄마의 경우 원래 문제가 있지는 않았다. 숙제는 하지 않고 게임을 하고 있는 아들에게 충분히 할 수 있는 말을 한 것이다. 엄마는 아들의 미끼에 걸려 함께 심리게임을 하게 된다. 엄마가 한 심리게임은 무엇일까? 마지막 부분에 "내가 널 위해서 얼마나 노력했는데 네가 나한테 이럴 수 있어?"라는 말을 통해서 엄마의 심리게임을 확인할 수 있다. 원래 위 대화는 숙제와 핸드폰 게임의 우선순위에 대한 내용이었다. 하지만 엄마의 마지막 말은 자신이 아들을 키우면서 힘들었다는 내용으로 변경이 되었다.

'내가 널 위해서 얼마나 노력했는데' 라는 말은 엄마

는 구원자인데 아들이 구원자의 고마움을 모른다고 지적하는 것이다. 그런데 엄마와 아들의 관계에서는 항상 엄마가 구원자일 수밖에 없지 않은가. 자녀를 양육하는 것, 그것은 희생을 하는 구원자가 맞다. 엄마가 자신의 구원자 역할을 자녀에게 이야기했을 때, 특히 이 대화처럼 갈등의 대화가 이루어지는 상황에서는 오히려 역효과가 나타날 수 있다. 아들이 "또 그 소리. 휴~"라고 말을 한 것으로 보아 아들은 엄마의 저 소리를 한두 번 들은 것이 아니다. 당연히 아들의 더 심한 말이 이어질 것이다. "아니, 누가 그렇게 하라고 했어요?"라고 말을 할 수도 있다. 그러면 엄마는 자신이 지금까지 아들에게 베푼 구원자의 희생을 아들이 인정해 주지 않은 것으로 인해 마음이 상하게 된다. 엄마의 말에서 아들을 힘들게 하는 것은 "네가 나한테 이럴 수 있어?"라는 말이다. 이것은 아들을 공격자로 만드는 것으로, 아들 입장에서는 핸드폰 게임 좀 한 것 가지고 엄마를 공격한 것으로 말을 하니까 이해가 되지 않는 것이다. 그때마다 '내가 널 어떻게 키웠는데'와 같은 말을 한다면 아들은 엄마를 절대로 구원자로 여길 수 없게 된다. 그래서 부모는 다음과 같은 말을 자녀에게 하는 것을 주의해야 한다.

"내가 널 어떻게 키웠는데 ~"

"너만 아니었으면 내가 ~"

"다 너 잘 되라고 하는 말이야."

4. 엄마 말을 들으면 자다가도 떡이 생긴단다

자녀가 진로에 대해서 부모에게 이야기를 꺼낼 때가 있다. 하지만 그 대화가 원활하게 되는 경우는 드물다. 부모는 자녀가 너무 나약하다고 판단할 때가 많다. 그에 해당하는 대화를 살펴보자.

딸 엄마, 할 말이 있는데, 저 회사를 그만두고 싶어요.

엄마 무슨 소리야. 이 세상이 그렇게 쉬운 줄 알아? 지금 다니는 곳에 감사하면서 그냥 열심히 다녀.

딸 이제 좀 다른 인생을 살아 보고 싶어요. 지금 회사가 힘들기도 하고, 요즘은 다 이직 많이 해요.

엄마 엄마 말 잘 들으면 자다가도 떡이 생긴다고 했지? 너는 꼭 그렇게 니 애비를 닮아서 끈기가 없더라. 세상이 그렇게 호락호락한 줄 알아? 이 악물고 살아야지. 뭐가 힘들다고 그러니.

딸 네, 알겠어요. 제가 너무 나약했나 봐요...

자녀가 가장 의지해야 할 대상은 부모임에도 불구하고 많은 자녀들이 부모에게 속 깊은 대화를 시도하지 않는 게 사실이다. P^{부모} 중에서도 CP$^{비판적\ 부모}$가 높은 부모 밑에서 자란 자녀들은 위의 대화처럼 부모의 말에 순종적인 모습을 보이는 경우가 많다. 이 경우 부모의 말에 의해서 자녀의 진로가 결정된다.

이 대화에서 게이머는 엄마와 딸 둘 다 해당된다. 먼저 엄마의 말을 살펴보자. 엄마는 자신이 무조건 구원자임을 강조한다. "엄마 말 잘 들으면 자다가도 떡이 생긴다고 했지?"라는 말은 자신이 무조건 구원자라고 단정하는 것이다. 자신이 딸에 비해서 구원자라는 확신을 하고 있다 보니 딸이 어떤 의견을 말하더라도 받아들일 수 없는 것이다. 엄마의 인생태도는 자기긍정$^{I'm\ OK}$, 타인부정$^{You're\ not\ OK}$이다. 딸은 이 대화 외에도 부모에게 묵살당한 대화 경험이 많을 것이다. 엄마는 다른 사람의 의견, 특히 점점 커가는 딸의 의견을 받아들이고자 노력을 해야 한다. 딸은 더 이상 어린 아이가 아니다.

위의 대화에서 엄마가 구원자 역할만 한 것은 아니다. 바로 이어서 "너는 꼭 그렇게 니 애비를 닮아서 끈기가 없더라."라는 말로 딸을 비난하고 있다. 엄마는

CP^{비판적 부모}가 높다는 것을 알 수 있다. 엄마는 아빠의 끈기 없는 모습을 싫어하는데 딸에게도 동일하게 적용하고 있다. 이 말은 아빠와 딸 때문에 자신이 힘들게 살고 있다고 말하는 것과 같다. 즉, 딸에게 자신을 공격하지 말라고 하는 것이다. 엄마의 말을 보면 두 가지 역할을 하고 있고 그때 각각의 전환을 하며 심리게임을 하고 있다. 엄마는 다음과 같이 말을 하는 것으로 정리해 볼 수 있다.

1. 구원자 "내 말 들어."
2. 희생자 "너 때문에 엄마가 힘들다!"

엄마의 전환으로 인해 딸은 엄마의 도움을 필요로 해야 하는 희생자인 동시에 엄마를 힘들게 하는 공격자인 것이다.

이번에는 딸의 말을 살펴보자. 딸이 말한 "저 회사를 그만 다니고 싶어요."에 문제가 있다고 할 수는 없다. 누구나 회사를 그만 다니고 싶다는 의견을 말할 수 있다. 단순한 의견이 아니라 정말 그만 둘 마음으로 엄마에게 말할 수도 있다. 그런데 엄마는 그 말을 진지하게 받아들이지 않고 자신이 하고 싶은 말만 하고 있다. 딸은 분명 엄마가 자신의 의견을 묵살할 것을 알았을 것이고, 끈기가 없다는 비판을 들을 수 있다는 것도 예상했을 것이다. 그런데도 엄마에게 말을 한 것은 큰 용기를 낸 것이다.

이것은 정상적인 반응이다. 그런데 딸이 게이머라면 자신이 끈기가 없다는 비판을 엄마의 입을 통해서 듣고자 시도하게 된다. 이 경우 딸의 인생태도는 자기부정$^{I'm\ not\ OK}$이다. 그것을 다시 확인하기 위해서는 엄마에게 자신의 퇴사에 관한 의견을 전달한 것이다. 딸의 마지막 멘트인 "제가 너무 나약했나 봐요."를 보면 알 수 있다. 엄마의 입을 통해서 자신의 부정$^{not\ OK}$을 확인하고 있다. 딸은 아무런 성과도 없는 이런 대화를 왜 할까? 그게 '게이머의 각본'이다. 부족한 스트로크를 채우기 위해서 아무런 도움도 되지 않는 말을 던져 심리게임을 진행하는 것이 이들의 각본이다.

5. 내가 안 한다고 했잖아

지민이는 5살이며, 잘 때 아빠, 엄마와 같이 침대에서 잔다. 엄마는 지민이가 자면서 이불에 오줌을 싸는 것이 고민이다. 그래서 자기 전에 지민이가 물을 먹고 싶다고 해도 절대로 물을 주지 않는다. 그 대화 내용을 살펴보자.

(밤 10시)
지민 엄마, 목 말라. 물~~~
엄마 안 돼. 물 많이 먹으면 잘 때 오줌 싸.
지민 물~ 물~ 물~, 나 오줌 안 싼다니까.
아빠 (아내에게) 물 줘. 안 주니까 계속 보채잖아. 지민아. 따라와. (아빠는 물을 조금 준다.)

(아침 6시)
엄마 (지민이를 보고) 일어나. 오줌 또 쌌어.
지민 (눈을 비비며 일어나 민망한 표정을 지으면서) 내가 바닥에서 잔다고 했잖아...
(침대 시트를 새로 교체하고, 지민이를 다시 재운다.)

 어렸을 때 아이들이 하는 실수 중 하나가 잠자리 중에 오줌을 싸는 것이다. 커가면서 자연스럽게 사라지는 증상이지만 매번 침대시트를 빨아야 하는 엄마 입장에서는 그냥 넘어갈 수 없는 고민이다. 그래서 자기 전에 물을 먹지 못하게 하기도 한다.
 지민이의 원래 입장은 '난 자면서 오줌을 싸지 않는다' 이다. 그런데 또 쌌다. 지민이는 모두의 잠을 방해

했고 침대 시트도 교체하게 한 공격자가 되었다. 이때 지민이가 "미안해."라고 한다면 문제가 되지 않을 수 있다. 하지만 지민이는 전혀 다른 답변을 하고 있다. "내가 바닥에서 잔다고 했잖아…" 이 말은 "내가 오줌을 쌀 수 있으니 바닥에서 잔다고 했는데 엄마가 침대에서 자라고 해서 이렇게 된 것 아니야?"라고 말하는 것과 같다. 즉, 엄마가 자신을 공격해서 지금 이상한 상황에 처한 희생자가 된 것이라고 말하는 것이다. 부모 입장에서는 황당할 수밖에 없다. 지민이의 심리게임을 확인했는가? 확실하게 엄마를 공격자로 만들고 자신을 희생자로 만드는 드라마 삼각형의 전환을 보여준다.

지민이는 5살이다. 어린 아이가 무슨 스트로크가 부족하다고 이런 심리게임을 할까? 걱정하지 않아도 된다. 지민이와 같은 어린이들은 심리게임을 무척 많이 한다. 물론 아이가 하는 심리게임도 상대방 입장에서는 황당한 건 마찬가지다. 하지만 아이가 하는 것이니 귀엽게 봐주며 넘어갈 수 있다. 아이들은 심리게임을 하면서 자신을 보호하고 난감한 상황을 피해 나간다. 이 모습은 '거짓말'을 하는 것과 같다. 그래서 좀 더 추궁하면 바로 들통나는 이야기들이다. 아이들이 심리게임을 많이 사용한다고 어른들의 대화처럼 시시비비를 정확히 따질 필요는 없다. 그냥 그러려니 하고 넘어가는 관대함도 필요하다. 하지만 어떤 부모는 논리적으로 아이에게 따지기도 한다. 그때 아이는 어떻게 대답을 해야 할지 몰라 침묵을 하거나 울게 되는데 이런 식으로 닦달해서는 안 된다. 큰 잘못을 했다면 따끔하게 혼내는 것도 필요하지만, 오줌을 싸는 것처럼 의도한 것이 아닌 실수라면 민망함을 느끼지 않도록 조용히 넘어가 주는 것도 필요하다. 그리고 지민이가 "내가 바닥에서 잔다고 했잖아..."라고 하는 말도 자신의 실수는 알고 있다는 표시다. 조금만 더 지나면 잠자리에 오줌을 싸는 것은 사라질 것이다. 이런 상황에서 아이가 심리게임을 했다고 흥분을 하거나 화를 내서는 안 된다. 문제는 지민이의 전환과 같은 말을 성인이 쓰는 경우다.

다음의 사례를 보자. 소민이와 예슬이는 친구 관계다. 둘을 포함한 몇몇 친구들은 함께 여행을 가기로 했다. 소민이는 이번 여행의 책임을 맡게 되었다.

소민 (친구들에게) 내일 여행가는 날이니까 모두 아침에 늦지 않게 터미널로 와.
예슬 알았어. 걱정마. 그럼 내일 보자고.

(내일 아침, 시간이 다 되었는데 예슬이만 오지 않았다.)
소민 (예슬이에게 전화를 걸어) 어디쯤이야?
예슬 집이야. 지금 일어났어.
소민 뭐야? 어제 신신당부를 했는데. 너만 안 왔다고.
예슬 내가 뭐 가고 싶다고 했나? 난 원래 집에 있는 걸 좋아한다고. 난 안 가고 싶다는 걸 표현했는데...
소민 뭐야? 어제까지 그러지 않았잖아.

예슬이는 자신의 실수를 뻔뻔하게 아니라고 말하고 있다. 보통 이런 경우 소민이는 너무 황당하기 때문에 '내가 어제 표현을 잘못했나?'라는 생각으로 자신이 내뱉었던 말들을 회상하게 된다. 하지만 나머지 친구들은 잘 알아 듣고 왔으니 소민이가 잘못한 것은 없다. 예슬이는 자신이 실수를 할 때마다 그 책임에서 벗어나기 위해 뻔뻔하게 전환을 사용한다.

아침에 나타나지 않은 예슬이는 이번 여행의 공격자가 맞다. 분명 예슬이가 준비하기로 한 것들도 있을 것이다. 그것들이 텐트나 식량이라면 문제는 심각해진다. 그런데 예슬이는 자신이 공격자가 아니라고 주장을 하고 있다. 간다고 하지도 않았는데 억지로 오라고 했다고 소민이를 공격자로 만들고 있다.

굳이 게이머를 제외한 사람들의 실수를 억지로 찾아

본다면 그것은 게이머인 예슬이와 함께 여행을 가기로 결정한 것이다. 게이머와 약속을 했으니 이런 일이 벌어지는 것은 충분히 예상되는 결과다. 만약 아침에 예슬이가 나타났다고 가정을 해 보자. 여행지에 도착할 때까지 예슬이가 심리게임을 쓰지 않는다고 안심을 해서는 안 된다. 여행 중에 그녀의 심리게임은 벌어질 것이 뻔하다. 그래서 게이머와 함께 여행 가는 것을 주의해야 한다.

친구 관계라면 그가 게이머인지 확인하는 것은 훨씬 쉽다. 전혀 알지 못하는 사람들과 함께 여행을 가게 되는 경우 게이머 판단은 매우 어렵게 된다. 이런 경우 여행 중간에 누가 게이머인지 알게 되는데, 이때는 최대한 그와의 접촉을 피해야 한다. 밥을 먹을 때에도 멀리 앉아서 먹고 숙소를 쓸 때에도 같은 방을 사용해서는 안 된다. 억지로 이유를 만들어 게이머와의 거리를 최대한 멀게 해야 한다.

5

대처하는 방법

공격자 게이머 대처하는 방법

01. 공격자의 '공격 패턴' 파악하기 02. 틈을 보이지 않으며, 단호하게 대응하기 03. 정중하게, 하지만 명확하게 말하기

구원자 게이머 대처하는 방법

01. 구원자의 '구원 패턴' 파악하기 02. 마음은 고마워, 하지만 괜찮아

희생자 게이머 대처하는 방법

01. 희생자의 '희생 패턴' 파악하기 02. 조언하지 말기 03. 내가 구원자 게이머가 아닌지 파악하기 04. 희생자 게이머 스스로 문제를 찾게 하기

게이머의 인생태도 살펴보기

상보교류로 말하기

대화를 적당히 마무리하기

접촉 줄이기

어른자아^A 사용하기

진실이 통한다는 생각을 버리기

미끼를 물지 않기

신경 *끄기*

인간 관계를 끊기

지금까지 읽은 내용을 통해서 왜 내가 게이머와의 대화에서 어려움을 겪었는지 그 이유를 알게 되었다며 기뻐하는 독자들도 있을 것이다. 맞다. 그들은 나에게 늘 심리게임을 제안했던 것이며, 나는 그 심리게임에 쉽게 말려들었던 것이다. 이제 내 주위 게이머의 존재를 확인했다면 대책을 세워야 한다. 이전처럼 그들의 덫에 걸려 불쾌한 감정으로 하루하루를 살아가고 싶지는 않을 것이다. 좋은 감정을 느끼며 살아가기에도 인생은 너무나 짧다. 하지만 우리는 매우 많은 시간을 게이머와 보내고 있다는 것을 알게 되었다. 그들은 지인, 회사 동료, 매일 마주쳐야 하는 가족일 수도 있다. 이들 모두를 다 피할 수 없다는 것도 안다. 피할 수 없더라도 이전과는 다른 대처 방식을 세울 필요가 있다.

우리는 세 가지 희생자·공격자·구원자 게이머를 알게 되었다. 이 세 가지 게이머를 대처하는 방법은 약간씩 다르다. 하나씩 살펴보자.

공격자 게이머 대처하는 방법

공격자 게이머는 대놓고 나를 무시하거나 다른 사람들 앞에서 나를 비난하며 협박까지 하는 사람들이다. 공격자 게이머의 공격을 당하면 그날 하루는 이루 말할 수 없을 만큼 고통스럽게 된다. 너무 화가 나 공격자 게이머에게 따지면 그는 더 화를 내거나 갑자기 자신을 피해자로 역할 전환을 해 나를 나쁜 사람, 즉 공격자로 몰아갈 수도 있다. 어떻게 공격자의 올가미에 걸려들지 않고 평정심을 찾으며 대화할 수 있을까?

1. 공격자의 '공격 패턴' 파악하기

우선 이들은 대부분 무례하다. 요청을 하는 것이 아니라 명령을 한다. 그리고 어떻게 하면 상대를 기분 나쁘게 만들 수 있는지 방법을 꿰뚫고 있다. 만약 주변에 공격자 게이머가 있다면 그들이 자주 사용하는 문장들을 분석해 보자. 어떤 단어를 사용하고, 어떤 방식으로 대화를 해 우리를 공격할까? 그들의 반복되는 패턴을 발견했다면 이제는 그들이 왜 그렇게 할 수밖에 없는지를 생각해 보자. 평소 그들이 세상을 바라보는 인생태도는 '나는 옳다, 하지만 너희는 모두 틀렸다'라는 자기긍정$^{I'm\ OK}$과 타인부정$^{You're\ not\ OK}$이며, 이것은 그들이 사용하는 대화에 그대로 반영된다. 또한 어른이 아이를 훈계하듯 그들의 비판적인 말은 PAC 중에서 CP$^{비판적\ 부모}$의 자아가 월등하게 높게 작용하고 있다는 것을 알 수 있다. 공격자 게이머는 주로 이런 대화 방식을 가장 많이 사용하기 때문에 그와 대화를 하면 항상 공격받는 느낌을 받게 된다. 이들이 이런 인생태도와 자아상태를 갖게 된 데에는 어떤 이유가 분명 있을 것이다.

그는 긍정스트로크의 충족이 원활하게 되지 않아 심리게임을 하는 것인데, 타인을 공격하는 것으로 방향을 잡은 사람들이다. 그래서 만나는 사람마다 말로 공격을 하며 상대를 기분 나쁘게 만든다. 이때 공격자 게이머는 어떻게 해서든 타인을 공격하기 위한 명분을 만든다. 대표적인 명분이 타인을 위해 쓴 소리를 한다는 것이다. 이것은 이들의 공격을 부끄럽지 않게 만든다. 자신이 악역을 하며 '희생자' 역할과 동시에 그를 돕는 '구원자' 역할까지 하고 있다는 착각을 하도록 만들어 준다. 하지만 그는 상대에게 '공격자'일 뿐이다.

공격자 게이머가 직장에서 높은 직책을 맡고 있으면 어떻게 될까? 그는 매일 타인을 공격하러 출근한다고 볼 수 있다. 특히 유교 문화가 남아 있는 우리나라의 경우 이런 게이머의 말은 교훈으로 잘 둔갑되는 편이다.

2. 틈을 보이지 않으며, 단호하게 대응하기

공격자 게이머에게는 '틈'을 보이지 않는 것이 중요하다. 그들이 보기에 잘못된 점이 조금이라도 있다면 공격자는 그냥 넘어가는 법이 없다. 그래서 항상 자신의 모습을 살피는 것이 필요하다. 하지만 사람인지라 매사에 조심하며 항상 긴장된 삶을 살 수는 없다. 틈을 보이지 않으려 노력해도 공격자 게이머의 공격을 피해 갈 수 없는 경우가 많다. 예측하기 힘든 어떤 이유라도 찾아내서 공격하는 것이 그들의 특징이다.

공격자 게이머의 공격을 몇 번 당하게 되면 어떤 각오를 하게 될 것이다. '이젠 절대 그냥 넘어갈 수 없다', '상대가 선을 넘는 것을 허용할 수 없다'라는 마음을 먹게 된다. 그리고 다음과 같은 말을 하려고 준비하게 된다. "그만해 주세요. 매우 불쾌합니다. 제가 당신에게 이런 소리를 들을 이유는 없습니다."

물론 이런 말을 하는 것이 힘들다는 것도 알고, 나의

단호한 발언으로 상대를 제압하기 어렵다는 것도 안다. 오히려 그의 추가 공격이 더해질 수도 있다. 이 때에는 어쩔 수 없이 외부의 도움을 빌려야 한다. 기관이나 단체라면 중재가 가능한 유관 부서에 알려야 할 것이고, 지극히 사적인 경우지만 물리적인 피해가 일어날 수 있는 심각한 경우라면 경찰이나 법의 힘을 빌려야 한다. 하지만 이런 방법이 나를 더 피곤하게 만들 수 있다는 것을 안다. 그래서 가장 쉬운 방법은 무조건 그와의 접촉을 피하는 것이다. 직장에 공격자 게이머가 있는데 그의 공격을 피할 수 없고 어떠한 조치를 취할 수도 없다면 퇴사를 하는 수밖에 없다. 그것을 나 자신의 패배라고 생각하지 말자. 퇴사도 하나의 방법이다. 그렇게 하지 않으면 나는 그의 모든 공격을 받으며 정신이 점점 피폐해질 것이다. 그에게 잘 보일 필요도 없고 그와 대화를 터놓을 수 있는 자리를 시도할 필요도 없다. 똥은 무서워서 피하는 것이 아니라 더러워서 피한다는 것이 딱 여기에 해당된다. 인지상정[1]이라는 것이 그들에게는 통하지 않는다.

---

1 人之常情. 사람이면 누구나 가지는 보통의 마음

3. 정중하게, 하지만 명확하게 말하기

공격자 게이머는 상대를 훈계하고 명령을 한다. 그들은 CP^{비판적 부모}를 사용하여 상대를 고치려는 일방적인 대화를 시도하는 사람이다. 이런 공격자에게 고통받는 상대는 AC^{순응하는 아이}의 모습을 보이다가 더는 못하겠다며 지쳐 버린다.

불합리하고 짜증나는 공격자 게이머와의 심리게임으로부터 벗어나고 싶다면, A^{어른}자아를 사용하여 단호하게 대처해야 한다. 우리는 이성적인 상황에서 가장 옳은 판단을 할 수 있다. 하지만 공격자 게이머의 공격을 당하게 되면 그 순간 흥분을 하게 된다. 매우 감정적인 상태가 되기 때문에 공격자의 공격을 대처하기 힘든 마음 상태가 된다. 이 때 중요한 것이 최대한 '정중함'을 유지하는 것이다. 인사권을 볼모로 나의 멘탈을 잡고 흔드는 상사에게, 또는 비합리적인 요구 사항을 줄줄이 늘어놓는 진상 고객에게 틈을 보이지 않는 정중함을 기반으로 명확하게 의견을 전달해야 한다. 절대로 겁먹지 말자.

"지금 상황에 맞지 않는 내용이고, 밑도 끝도 없이 말을 던지시는데 그 말을 도대체 왜 하시는 건가요?"라는 메시지를 전달해야 한다. 상대가 더 흥분할 수도 있다. 하지만 그런 반응도 일단 말을 던져 봐야 알 수 있다. 이런 시도를 한 번 하게 되면 그 다음부터는 상대도 쉽게 공격을 하지 못할 것이다. 만약 이렇게 말을 했는데도 또 동일하게 공격을 한다면 법적인 대처를 하거나 이직을 해야 한다. 그는 '돌아이'다.

구원자 게이머 대처하는 방법

지고지순한 사랑을 하는 여자는 남자의 성공을 위해 자신을 희생하면서 뒷바라지를 하지만, 결국 성공한 남자는 다른 여자와 새로운 사랑을 한다. 이 이야기는 드라마에 자주 등장한다. 성평등적 관점이 일반화된 요즘 시대에 맞지 않는 옛 스토리라고 말하는 사람도 있을 것이다. 하지만 지금도 이런 안타까운 구원자 게이머는 남녀 관계에서 심심찮게 볼 수 있다.

데이트 폭력이나 스토킹 등의 연인 간 사건들도 구원자 게이머가 주인공이라는 것을 알 수 있다. 이 사건들은 게이머가 구원자에서 공격자로 전환해 벌어진다. 평소에 착해 보였던 구원자가 위험한 사건을 저지르는 공격자가 될 수 있다.

구원자 게이머의 모습은 부모와 자녀 관계에서도 쉽

게 찾아 볼 수 있다. 구원자 역할을 하는 사례로는 '자식을 위해 헌신을 한 부모'나 '자식 때문에 이혼하지 못하고 폭력적인 배우자와 일생을 산 엄마'가 있다. 이런 구원자 역할 자체가 문제라는 것은 아니다. 부모는 자녀를 위해서 구원자 역할을 해야 하는 것은 맞다. 문제가 되는 구원자 게이머는 상황을 개선할 수 있는데도 하지 않고 여전히 구원자 역할을 자처하며 상대를 불편하게 한다.

1. 구원자의 '구원 패턴' 파악하기

타인에게 무언가를 베푸는 것은 '미덕'이다. 미덕을 베푸는 사람들이 있기에 세상은 아름답게 유지되고 있다. 그러나 그 도움이 달갑게 느껴지지 않는 경우도 있다. 도와주고도 욕을 먹는 사람들이 있는데 그 이유는 도움에서 끝나는 것이 아니기 때문이다. 상대를 돕는 순수한 목적이 아니라, 자신이 구원자 역할을 했다는 상황을 만들고 싶은 것이 목적이다.

구원자 게이머는 자신의 목적을 위해서 상대를 돕는 제안을 자주 한다. "제가 한번 해 볼까요?", "제가 도와드릴까요?"처럼 상대를 돕기 위한 말을 쉽게 던진다.

얼핏 보면 참 고마운 사람이다. 하지만 나중에 그의 도움을 거절하면 그의 태도가 바뀌는 것을 발견하게 된다. "나 좋자고 이렇게 하는 건가요? 전 도와드리려고 한 건데!"처럼 상대를 공격하는 멘트를 한다.

2. 마음은 고마워. 하지만 괜찮아

구원자 게이머는 어떻게 대처해야 할까? 가장 좋은 방법은 어느 게이머에게나 동일한 방법인 '차단을 하는 것'이다. 가능하다면 그 게이머와 가까이 하지 않음으로 소모적인 대화를 줄여야 한다. 하지만 그 게이머와 어쩔 수 없이 지속해야 하는 관계이거나 또는 개인적으로 일말의 애정이 있는 상대라면 분명하게 의견을 전달하는 것이 필요하다. '나 스스로 할 수 있다'는 의지를 그에게 확실히 보여 줘야 한다. 그는 분명 먼저 도움의 손길을 내밀 것이다. 그렇다 해도 단호하게 말을 해야 한다. "마음은 고마운데, 이번엔 내가 알아서 해 볼게."라고 말을 던져야 한다. 이것은 정중하게 거절을 하는 것이다. 하지만 게이머가 이 말을 듣고 쉽게 물러나겠는가? 그렇지 않다. 게이머가 원하는 대로 진행이 되지 않았기 때문에 그는 또 다른 방법을 시도할 것이다. 그런 추가적인 시도가 있더라도 또 다시 확실하게 거절을 해야 한다. 단호하지 못한 성격의 사람이 구원자 게이머에게 잘 당한다는 것을 기억하자.

구원자 게이머는 공격자 게이머에 비해 기분 나쁜 정도가 그리 크지 않다. 그래서 대부분은 구원자 게이머의 구원을 허용하게 되고, 어느 순간부터는 그 구원이 나의 허락도 없이 쉽게 다가 오기도 한다. 그래서 거절할 시점을 놓치지 않아야 한다.

희생자 게이머 대처하는 방법

나에게 도움을 요청하는 사람을 무시하는 것은 쉽지 않다. 하지만 그 사람이 희생자 게이머라면 거절을 하는 것도 필요하다. 그들은 타인에게 입은 피해를 구구절절 내게 읊조리기도 하고, 자신이 혼자 그것을 극복하지 못하겠다고 찡찡거리며 말하기도 한다. 그래서 결국 돕게 되는데 그의 반응을 보면 고마워하기는 커녕 나를 더욱 피곤하게 만든다. 이때 그들은 「음, 근데」 게임이나 「날 차버려」 게임을 사용한다.

매번 희생자의 이야기를 들어주는 것은 사실 너무 피

곤한 일이다. 그의 도움 요청은 부정적인 감정과 함께 나를 귀찮게 한다. 스스로 할 생각도 하지 않고 노력도 하지 않는다. 희생자 게이머를 어떻게 상대하면 좋을지 그 방법을 살펴보자.

1. 희생자의 '희생 패턴' 파악하기

 희생자 역할을 하는 지인이 있다면 그와 거리를 두고 싶을 것이다. 매번 칭얼거리면서 도움을 요청하는 말은 그와 거리 두기를 하고 싶도록 만든다. 그러나 그는 자꾸 나에게 연락을 하며 자신의 이야기를 꺼내 놓는다. 그는 자신이 연약하고 부족한 것이 많다는 것을 계속 언급한다. 그는 자신의 부탁을 매몰차게 거절하거나 무시하지 못하도록 말을 한다. 이들은 자기부정$^{I'm\ not\ OK}$의 인생태도를 가지고 있기 때문에 타인에게 심각하게 의존하고 싶어한다. 이들은 이에 해당하는 미끼를 던지며 상대의 약점을 이용해 심리게임을 진행한다.

 이들에게 도움을 주게 되면 매번 나를 구원자로 삼아 부탁을 할 수도 있다. 자신이 할 수 있는 일도 스스로 하지 않기 때문에 실제로 무능력자가 되기도 한다. 이들은 "어떻게 해야 할지 모르겠어. 난 왜 잘 못할까?",

"나를 도와줄 사람이 없어. 힘들다."라는 식의 말을 하는데, 이것은 누군가가 자신의 말을 듣고 구원해 주기를 기다리는 모습이다. 이제는 이들의 미끼를 알아차리고 그 미끼를 물지 말자. 분명 그들도 스스로 할 수 있다.

2. 조언하지 말기

우리는 힘들어 하는 사람을 만나면 그들을 돕고 조언까지 해 주고 싶어한다. 하지만 희생자 게이머에게 조언하는 것을 조심해야 한다. 만약 구원자로 나타난 사람이 "나도 예전에는 그랬는데 지금은 극복했거든. 봐봐, 이렇게 하면 돼. 어렵지 않지? 사실 나도 옛날에는 ~~"와 같은 말을 하며 희생자 게이머를 돕는 말을 했다고 하자. 착할 것만 같은 희생자 게이머가 갑자기 돌변하는 모습을 보이기도 한다. "아니, 나에 대해서 알아요? 저의 과거는 당신의 과거와 다르다고요. 뭘 안다고 나에게 그렇게 말을 하세요?"라고 공격적인 말을 할 수도 있다. 도와줬다가 괜히 공격자로 취급 받아 구원자가 공격을 받는 상황이 펼쳐지기도 한다.

그리고 희생자 게이머는 조언을 듣는다고 그 생각을

바꾸지 않는다. 조언을 원하는 것이 아니라 희생자 역할을 하는 것이 목적이기 때문이다. 조언을 하는 사람만 에너지와 시간을 낭비하는 것이다.

3. 내가 구원자 게이머가 아닌지 파악하기

'희생자 게이머' 주변을 보면 '구원자 게이머'가 있다는 것을 발견하게 된다. 희생자 게이머는 도와줄 사람이 필요한데 그것을 구원자 게이머가 충족시켜 주기 때문이다. 그래서 이 두 게이머는 서로 심리게임을 하면서 각각 원하는 목적을 달성하게 된다. 그렇다고 자신이 타인의 도움 요청을 수락했다고 해서 무조건 구원자 게이머가 되는 것은 아니다. 어려운 사람에게 도움을 주는 것은 좋은 행동이다. 희생자 게이머는 도움이 필요해 어쩌다 한번 도와달라고 하는 사람이 아니다. 이들은 습관적으로 도움을 요청하는 사람이다.

희생자 게이머의 미끼를 거부하지 못하는 이유로 혹시 내가 구원자 게이머는 아닌지 돌아보아야 한다. '타인을 돕는다'라는 명목 하에 그들의 심리게임에 자발적으로 참여를 하는 것일 수도 있다. 당신이 구원자 게이머라면 희생자 게이머를 자주 만날 가능성이 크다.

4. 희생자 게이머 스스로 문제를 찾게 하기

희생자 게이머가 스스로 문제를 찾도록 어떻게 할 수 있을까? 개인적인 충고나 조언을 해서는 안 된다. '열린 질문'을 하는 것을 추천한다. "이렇게 해 보는 게 어떨까?"라는 충고와 조언보다는 "그래서 너는 그걸 해결하려면 어떻게 해야 한다고 생각하는데?"와 같은 방식으로 물어보자. 물론 이 대화를 성공적으로 이끌기 위해서는 별것 아닌 이야기에도 '프로경청러'가 되어야 하는 수고로움이 있을 수 있다. 하지만 심리게임에 휘말리는 것보다는 이것이 차라리 나을 것이다. 그 다음 "그래서 내가 뭘 도와주면 좋겠니?"라고 상대에게 질문을 하자. 이 질문은 이들의 도움 요청이 심리게임 때문인지 아니면 정말 나의 도움이 필요해서인지 구분할 수 있는 열쇠가 된다. 인생의 모든 문제의 답은 대부분 스스로가 알고 있다고 하지 않던가. 정말로 나의 도움이 필요하다면 내가 무엇을 도와줄 수 있을지 명확하게 물어보자.

이런 질문을 하는 것은 그가 게이머인지 아닌지 확인을 하는 데에도 도움이 된다. 그가 이미 게이머라는 것을 확실히 알았다면 위의 질문이 그에게 잘 먹히지 않을 것이다. 왜냐하면 그들은 자신을 바라보는 것이 목적이 아니라 스트로크를 채우기 위해서 구원자를 찾고 있는 것이기 때문이다. 상대가 희생자 게이머가 확실한 상태에서 그에게 위의 질문을 했을 때 다음과 같은 반응이 나올 수도 있으니 주의하자. "도와주기 싫으면 싫다고 해요. 무슨 이상한 질문을 해서 피해 가려고 해요? 이상한 사람이네." 이 말을 듣고 더 해명을 하려고 하지 말자. 그는 심리게임이 통하지 않아 새로운 방법의 미끼를 던지는 것이다.

지금까지 세 가지 게이머의 대화를 통한 대처 방법을 살펴보았다. 이번에는 종합적인 대처 방법을 소개하고자 한다. 어느 게이머든지 보편적으로 통하는 방법들이 있다.

게이머의 인생태도 살펴보기

게이머와 대화를 했다면 당신은 흥분상태가 되었을 가능성이 크다. 흥분을 쉽게 누그러뜨릴 수 있는 방법으로는 그들의 인생태도를 판단하는 것이다. 그들이 세상을 보는 태도가 이상하다면 누구를 만나더라도 그는 이상한 대화를 하게 된다. 그런 그를 이해하려고 노력할 필요는 없다. 그는 부정$^{\text{not OK}}$의 인생태도를 가진 사람이라고 생각하고 넘겨 버리자. 한 사람의 인생태도를 바꾸는 것은 매우 어렵다. 많은 경험과 충격을 통해서 바꾸는 사람이 있기는 하지만 그 외 대부분은 자신의 잘못된 인생태도를 바꾸지 않는다. 그가 그런 인생태도를 가지고 있음을 그냥 받아들이고, 그를 지적해서 고치려고 하는 마음을 내려놓자.

상보교류로 말하기

'상보교류'로 이루어지는 대화는 문제가 없다. 상보교류를 알기 위해서는 그와 반대되는 '교차교류'를 알아야 한다. 교차교류는 무조건 불쾌함이 느껴져 말다툼이 벌어질 수 있다. 심리게임은 교차교류로 이루어지는 대화다. 교차교류가 무엇인지를 알면 상보교류로 대화를 할 수 있게 된다. 이번 기회에 나 자신은 교차교류의 말을 얼마나 사용하는지 한번 생각해 볼 필요가 있다. 다음의 도형을 보면서 그 내용을 알아보자.

상보교류와 교차교류를 파악하기 위해서는 다음과 같이 그림을 그린 후 발신자와 수신자의 대화가 어떤 방향으로 갔는지 확인해야 한다.

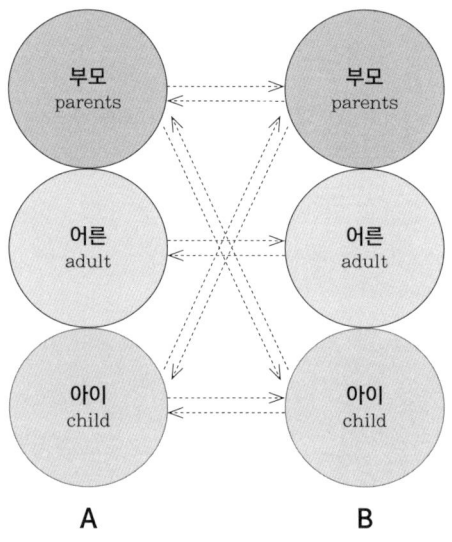

 '상보교류'는 발신자와 수신자의 위치가 동일한 교류다. 그 사례를 설명하고자 한다. 아래 직장 동료의 대화를 보자.

A 퇴근하고 한 잔 할까?
B 좋아. 나도 한 잔 하고 싶었거든.
A 그럼 어디로 갈까?
B 길 건너 새로 생긴 맥주바 있던데 거기로 가자.

직장 동료 두 사람이 퇴근 후에 술 한잔 하는 것을 계획하는 대화이기 때문에 즐기는 '아이 마음'인 C끼리의 대화라고 할 수 있다. 아래와 같은 교류패턴이라고 할 수 있다.

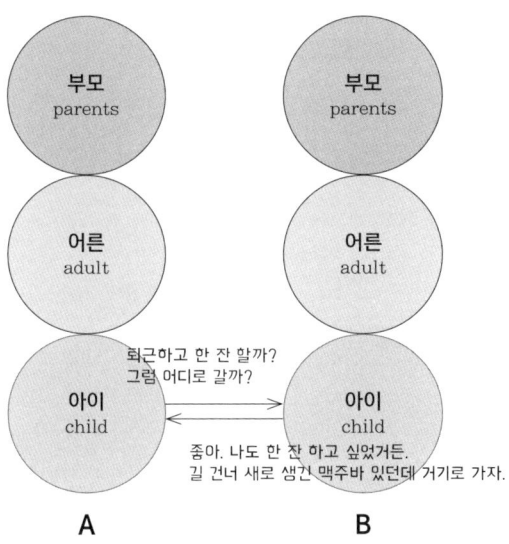

다른 스타일의 상보교류를 하나 더 보자. 이 대화는 신입 사원에 대해서 비판을 하는 임원 두 사람의 이야기다.

A 올해 들어온 신입 사원들은 문제가 많아요.
B 그러게요. 인사도 제대로 하지 않고.

위 두 사람은 신입 사원에 대해서 함께 비판을 하고 있다. 이것은 P^{부모} 입장에서 말을 하는 것과 같다. A와 B 둘 다 같은 입장을 취하기 때문에 둘의 대화에는 문제가 없다. 그런데 만약 B가 A에게 "자네는 신입 때 어땠는지 기억이 안 나나 봐? 더 심했는데."라고 말을 한다면 A는 당연히 불쾌할 수밖에 없다. 아래처럼 상보 교류에서 교차교류가 되는 것이다.

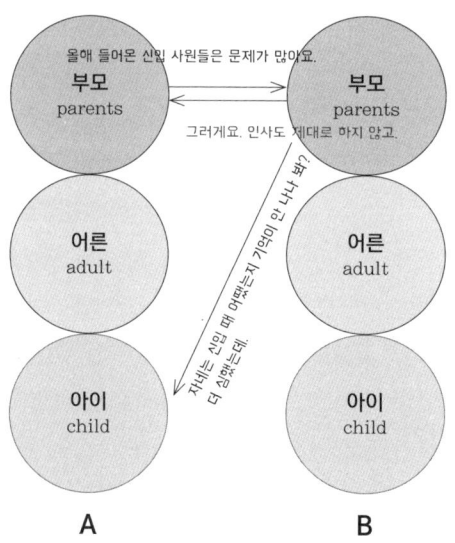

B가 A에게 비판을 하는 말을 했다. 그것은 마치 부모가 아이를 훈계하는 화살표의 방향이 되는 것이다. 화살표의 발신자와 수신자가 일치하지 않는다. 이렇게 일치하지 않는 교류를 '교차교류'라고 한다.

상보교류로 대화를 하기 위해서는 상대가 말하는 의도를 잘 파악해야 한다. 사실 이것은 그리 어렵지 않다. 상대 말의 의도를 왜곡하지만 않으면 된다. 보통 사람들은 아무런 문제 없이 상대의 의도를 잘 파악한다. 그래서 상보교류로 말을 하는 것은 어렵지 않다.

무조건 긍정적으로 말을 하라는 것은 아니다. 불만이 있을 때에는 그 불만을 표현해야 한다. 운전을 하다가 갑자기 내 앞 차선으로 끼어든 운전자에게 "무슨 사정이 있으셨나 봐요?"라고 말하는 사람은 없다. "갑자기 끼어들면 어떡해요?"라고 불만조로 말을 하게 된다. 상황에 따라 그에 맞는 표현을 하는 것은 필요하다. 불만을 표현하더라도 그 답변이 상보교류가 되면 된다. 자신이 생각해도 갑자기 충동적으로 끼어들었다면 "죄송해요. 순간 저도 모르게 끼어들게 되었네요."라고 말을 하면 상보교류가 된다.

이때 적반하장으로 공격하는 말을 하는 사람도 있다. 그것은 교차교류라고 할 수 있다. 이런 점에서 보복 운전을 하는 사람은 교차교류로 말을 하는 사람이며, 공격자 게이머라고 할 수 있다.

상보교류를 잘 하는 사람들을 보면 상대의 말에 대해서 경청을 잘하며 상대의 입장을 헤아리는 특징이 있다. 그때 주로 사용하는 말이 "아, 그래?", "정말?", "대단하다!", "대박!" 등이 있다. 아무 때나 영혼 없이 사용하면 안되겠지만 상대의 말을 잘 듣고 있다는 표현으로 위의 말들을 사용하는 것은 매우 좋은 결과를 가져온다. 게이머들의 대화는 교차교류로 이루어져 있다. 그래서 위와 같은 반응의 말을 하지 않는다. 상대의 말을 쉽게 왜곡해서 듣고 말하기 때문에 곧바로 심리게임을 하게 되어 있다.

무조건 상보교류로 답변을 하기 보다는 다른 방법을 사용해야 하는 상황들도 있다. 대표적인 상황은 직장 상사의 압력이 오는 경우인데, 아래 박부장과 김대리의 대화를 통해서 살펴보자.

박부장 김대리, 보고서 아직 인가?

박부장의 질문 의도는 무엇인가? 성격이 급한 박부장은 아직 보고서를 제출하지 않은 김대리에게 화가 나 있다. 이때 김대리가 다음과 같이 답변을 한다.

김대리 부장님, 기한도 미리 말씀하지 않으시고 이렇게 갑자기 아직이냐고 하시면 어떡합니까?

이렇게 답변을 한다면 심각한 충돌이 발생할 것이다. 교차교류가 되기 때문이다. 박부장의 입장에서도 김대리의 말은 공격적으로 반응하는 것처럼 느껴지기 때문이다.

김대리가 다음과 같이 대답을 하면 어떻게 될까?

김대리 네, 부장님 지난 번에 내일까지 보고하라고 하셔서 지금 작성 중인데 현재까지 작성한 내용이라도 보고를 드릴까요?

이렇게 말한다면 박부장은 약간 당황을 하더라도 더 이상 화를 내는 분위기를 유지할 수는 없을 것이다. 보고서가 다 준비되었는지를 묻는 박부장의 질문은 A에서 A로 묻는 질문이다. 하지만 속뜻은 "아직까지 보고서 준비가 안 된거야? 내가 이렇게 물어봐야 겠어?"라고 하는 P에서 C로 하는 질문이다. 이에 대해서 김대리는 현재 작성 중이고 지금까지 된 것까지만 제출하는 것을 원하는지 물어보는 것은 A에서 A로 답변을 하는 것이다.

이런 방법은 상대의 당황스러운 요구에 교차교류가 되지 않도록 침착하게 응대를 하는 것이라고 할 수 있다. 이것은 어른^{A}의 자아상태로 답을 하는 것인데, 상대가 P에서 C로 메시지를 보냈을 때 내가 어떻게 답변을 하는 것이 적절할지 모르는 상황에서 도움이 된다. 그러면 상대는 또 P에서 C로 보내기 보다는 A에서 A로 답변을 할 가능성이 높다. 이것은 상보교류로 답변을 하는 것은 아니지만 객관적인 상보교류로 대화가 이어질 수 있도록 하는 방법이며, 특히 공격자 게이머에게 사용하면 좋은 방법이 된다.

대화를 적당히 마무리하기

대화를 하다 보면 상대가 게이머라는 것이 판단될 때가 있다. 그때는 그와의 대화를 빨리 마무리해야 한다. 그와 대화를 계속 한다면 그는 심리게임의 공식을 금새 마무리하게 될 것이다. 그 결과 내가 얻는 것은 불쾌감 밖에 없다. 그래서 그가 대화를 마무리를 하기 전에 적당히 빠져 나와야 한다. 이미 상대의 '미끼'를 물었을지라도 '전환'의 단계까지 가지 말아야 한다. 어떻게 해야 할지 모르겠다면 그냥 중단을 해야 한다. 그 순간 지나가는 지인을 보게 된다면 그에게 말을 걸어 게이머와의 대화를 중단시키자. 또는 그 순간 버스가 왔다면 내가 원하는 버스가 아닐지라도 그것을 타자. 버스를 탄 사람을 따라와 심리게임을 이어가는 게이머는 없을 것이다.

접촉 줄이기

 이쯤 되면 당신 주변에 누가 게이머인지 파악되는 사람이 있을 것이다. 가족 중에 있을 수도 있고 함께 일하는 직장에도 있을 것이다. 이미 파악된 게이머라면 최대한 그와 접촉할 상황을 만들지 않는 것이 좋다. 직장 상사가 게이머라면 그에게 잘 보이기 위해서 노력하는 것은 스스로 게이머의 먹이가 되어주는 것과 같다. 그것은 괜한 시간 낭비이며, 자신의 감정에 스스로 상처를 만드는 것이 된다.

 그와 접촉을 최대한 줄이고 그의 모습을 조심스럽게 관찰해 보자. 그의 심리게임을 당하고 있는 사람이 누구인지 알 수 있을 것이다. 그들은 평소에 아부를 잘

하는 사람이거나 그런 상황에서 잘 벗어날 용기가 없는 사람일 가능성이 크다.

이렇게 질문을 하는 사람도 있다. "어떻게 피해요? 가족이거나 매일 만나는 직장 상사는 그렇게 할 수 없어요." 물론 그런 관계가 있다는 것을 안다. 또한 관계를 중요하게 생각하는 성격의 사람도 게이머와의 접촉은 피할 수 없다고 말을 한다. 그렇더라도 그 사람과의 접촉을 조금씩 줄이는 노력을 해야 한다. 그렇지 않으면 당신은 계속 그 사람 때문에 힘들다는 이야기를 입에 달고 살게 된다. 결국 뒷담화를 하는 사람은 자신이 되며, 게이머로부터 불쾌감을 받는 상황은 변하지 않는다.

어른자아[A] 사용하기

게이머에게는 논리적인 대화, 감성적인 대화의 전략을 사용하려고 하지 말자. 메러비안의 법칙[2]도 생각하

---

2 The Law of Mehrabian, 한 사람이 상대방으로부터 받는 이미지는 시각과 청각이 각각 55%와 38%, 말의 내용은 7%에 불과하다는 내용의 7%-38%-55%법칙

지 말자. 이성적인 A^{어른} 자아를 사용해야 하는데, 그것은 논리적으로 따져서 그 대화를 이기라는 것이 아니라 그의 대화에 말려들지 말라는 의미다. 대화를 하다가 게이머의 말에 의해서 감정이 갑자기 격해져서 "저한테 왜 그러세요? 제가 뭐 잘못했어요?"라고 한다거나 "저 지금 정말 기분 나쁘거든요."라는 식의 표현을 한다고 게이머가 사과를 하지는 않을 것이다. 오히려 게이머는 이런 흥분 상태를 만들어 자신이 원하는 스트로크를 얻을 뿐이다. A가 아닌 P와 C를 사용하게 된다면 큰 일이다. 그래서 A의 수치가 높은 사람들이 게이머로부터 쉽게 벗어난다.

만약 이런 방법들도 다 싫고 게이머와 싸우는 것을 선택한다면 자신이 평소에 어느 정도의 전투력이 있는 사람인지도 따져보아야 한다. 게이머는 쉽게 전환을 사용하기 때문에 보통 사람들이 말로 이기기 어렵다. 게이머의 전환을 받아칠 수 있는 대화 능력이 있는 사람이라면 게이머와 붙어 볼 수 있겠지만 그것이 아니라면 당신의 패배는 이미 결정된 결과라고 할 수 있다.

진실이 통한다는 생각을 버리기

우리는 어떤 오해가 생기면 "내가 저 사람과 오늘 저녁에 술 한잔 하면서 대화좀 해 볼게."라는 계획을 세우기도 한다. 상대가 게이머라면 이런 방법이 전혀 효과가 없다는 것을 알아야 한다. 게이머와의 오해를 풀 수 있을까? 게이머는 자기부정$^{\text{I'm not OK}}$ 또는 타인부정 $^{\text{You're not OK}}$의 인생태도를 가진 사람이다. 둘 다 긍정^{OK}의 인생태도를 가진 사람은 부정을 가진 게이머와의 오해를 해결하는 것이 매우 어렵다. 서로 다른 인생태도를 가지고 있기 때문에 오해가 풀리기는 커녕 더 꼬이게 된다. 혹시 이것을 모르고 그와 대화를 한다면 당신은 어느 순간 다음과 같은 생각을 하게 될 것이다. "아이, 똥 밟았네. 괜히 만났어. 어떻게 대화를 끝내지?"

미끼를 물지 않기

게이머는 상대에게 미끼를 던짐으로 심리게임을 시작한다. 상대가 미끼를 물지 않으면 심리게임은 공식대로 진행되지 않는다. 하지만 게이머는 상대가 쉽게 거부할 수 없는 미끼를 던진다. 하지만 교류분석을 배운 사람은 미끼를 물 확률이 90~100%에서 0~20% 정도로 줄어들게 된다.

희생자·공격자·구원자 게이머가 던지는 미끼의 내용은 제각각이다. 심리게임은 반드시 공식대로 이루어지기 때문에 그 시작인 미끼의 표현은 다양할 수 있지만 동일한 패턴을 보여 준다. 구원자 게이머의 미끼는 도와달라고 하지 않았는데 선뜻 도와주겠다고 하는 것이고, 희생자 게이머는 도와줄 수밖에 없는 도움 요청의 말을 함으로 그냥 지나칠 수 없게 만든다. 공격자 게이머는 대처할 시간도 없이 공격을 바로 시작한다. 이런 미끼가 나에게 왔을 때 그 내용이 나에게 합당하지 않으면 감정적 대응을 하지 말고 '혹시 이것은 미끼가 아닐까?'라는 생각을 해야 한다. 미끼라는 확신이 들어 그 미끼를 물지 않게 되면 게이머는 의욕을 상실해 나에게 더 이상 심리게임을 진행하지 않는다. 그대신 다른 상대를 찾아 그에게 미끼를 던진다. 아무것도 모르는 그는 게이머의 미끼를 덥썩 물어 불쾌감을 얻고 게이머에게 부정 스트로크를 제공한다.

신경 끄기

미끼를 물고 전환을 지나 심리게임의 종착점을 향하는 상황이라고 가정해 보자. 당신은 이미 게이머가 주는 불쾌함을 다 받았다. 다 끝난 시점에서 이것이 심리게임이라는 것을 알게 되었다고 하자. 미처 차단하지 못했지만 나중에라도 알았다면 빨리 그 불쾌감을 잊고자 노력해야 한다. 심리게임의 원인은 게이머에게 있다. 나는 그냥 그의 각본에 따라 당했을 뿐 그것을 계속 마음에 둘 필요가 없다. 생각하면 할수록 속상한 마음뿐이지만 이미 진행된 심리게임을 어떻게 하겠는가. 곧바로 그 감정으로부터 벗어나야 한다. 마음 정리의 기술이 필요한 순간이다.

만약 분하거나 속상한 감정이 정리되지 않는다면 그 내용을 글로 정리해 보자. 글로 정리를 한다는 것은 괴로운 상황을 다시 회상하자는 것이 아닌, 어떻게 심리게임이 이루어졌는지를 확실하게 분석하여 더 빨리 그 내용으로부터 벗어나기 위함이다. 드라마 삼각형을 그려서 어떤 식으로 전환이 일어났는지, 그는 어떤 미끼를 던졌는지를 확인하게 되면 '아, 이거였군'이라는 감탄과 함께 마음 정리도 빠르게 될 것이다.

인간 관계를 끊기

 인간 관계를 끊으라고 하니 너무 냉정하다고 하는 사람도 있을 것이다. 모든 사람의 관계를 끊는 것이 아니라 오직 게이머와의 관계를 끊는 것이다. 그를 만나지 않을 방법을 찾고, 그와 연결되어 있는 SNS도 차단해야 한다. 이 방법이 어떻게 해결책이냐고 의문을 갖는 사람도 있을 것이다. 하지만 이것은 매우 중요한 방법인데, '단호함'과 '깔끔함'을 요구한다. 단호하게 판단하고 깔끔하게 정리하는 것을 필요로 하기에 이런 방법을 사용해 보지 않은 사람들은 실행하는 것을 매우 꺼리게 된다. 자신이 못한다고 이 방법의 효과에 대해서 평가절하를 해서는 안 된다. 해결책에는 아무런 문제가 없다. 실행하지 못하는 사람에게 문제가 있는 것이다. 게이머로 고민인 사람들도 그와 관계를 끊어야 한다는 것을 안다. 누군가 그 이야기를 확실히 해 주기를 원한 사람들은 이 방법에 대해서 매우 만족을 하며 마음에 해방감을 느끼게 된다. 하지만 게이머와 관계를 끊고 싶다고 말은 하지만 절대로 끊지 않는 사람들이 있다. 그들은 계속 "근데요. 그럴 수 없잖아요." 라고 끊을 수 없는 이유를 찾는다. 그들에게 해 줄 수 있는 말은 한 가지밖에 없다. "그럼 그냥 지금처럼 살아야죠."

6 내가 게이머라면

자기긍정^{I'm OK}의 마음으로 바꾸자
타인긍정^{You're OK}의 마음으로 바꾸자
삶의 균형을 만들자
게이머의 각본을 알자
낮은 자아의 사용을 피하지 말자

지금에서 "혹시 나도 게이머 아니야?"라는 생각이 들 수도 있다. 당신이 게이머든 아니든 스스로 자신의 PAC와 인생태도를 돌아보는 시간을 가지면 좋겠다.

 우리 모두는 지금까지 언급했던 심리게임 중 어느 하나를 과거 또는 현재 하고 있을 수 있다. 어쩌다 한번 심리게임을 할 수는 있다. 누구를 만나는지에 따라, 또는 어떤 상황에 처해지느냐에 따라 심리게임은 충분히 나타날 수 있다. 일시적 모습을 가지고 자신을 게이머라고 단정 지을 필요는 없다. 게이머라고 할 수 있으려면 심리게임을 습관적으로 하고 있어야 한다. 어제도 사용하고 오늘도 사용하는 사람이라면 게이머가 확실하다. 이 점에 대해서 받아들이는 것을 거부할 필요는 없다. 왜냐하면 그 부분을 인정해야 게이머에서 빨리 탈출할 수 있기 때문이다.

자기긍정$^{\text{I'm OK}}$의 마음으로 바꾸자

'자기긍정'을 하는 것이 뭐 어렵냐고 생각하는 사람이 있을 수 있다. 하지만 우리 주변에는 자기긍정을 하지 못하는 사람들이 의외로 많다. 대표적인 사람들이 남과의 비교를 통해서 자신의 존재감을 확인하는 사람들인데, 이들은 이런 비교를 개인의 성장 동력으로 삼는 특징이 있다. 이들은 끊임없이 더 나은 사람이 되기 위해 노력하는 과정에서 '자존심'은 높이고 '자존감'은 낮추는 불행한 결과를 만들게 된다. 최근 몇 년간 '자존감', '회복탄력성' 등의 긍정적 심리자본은 현대인들에게 커다란 이슈가 되고 있다. 그만큼 스스로를 긍정하지 못하고 비하하는 사람들이 늘어나고 있으며, 겉으로 즐거워 보이지만 그 내면의 자아존중감은 한없이 낮은 사람들이라고 할 수 있다. 이들은 SNS에 자신을 자랑하는 사진을 많이 올린다. 다른 사람과 비교해서 '난 이렇게 잘 살고 있다', '난 이렇게 잘 나가고 있다'를 표현하는 것이다. 그리고 그것을 부추기는 비즈니스도 넘쳐나고 있다. 자존감이 낮으니 보여주는 것으로 부족한 자존감을 채우려는 것인데 문제는 채움에는 끝이 없다는 것이다. 자기긍정으로 바꾸면 쉽게 해결되는 것을 그렇게 하지 않고 시간과 돈을 써가며 노력하는 것이다. 이들은 자신을 타인과 비교를 하다 보니 열등감에 사로잡혀 자신은 희생자가 되고 타인을 공격자로 만드는 심리게임을 하기도 한다.

자기를 긍정하게 되면 일단 돈과 시간을 절약할 수 있다. 남과 비교를 하지 않아도 되어 그에 해당하는 지출도 하지 않게 되고, 무의미한 말도 하지 않을 수 있다. 그동안 자신에 대해서 부정적인 느낌이 들면 과소비를 하고 공격성을 보였는데 그것으로부터 초연한 상태가 될 수 있다. '날 무시하는 거야?'라고 반응하기보다 '그럴 수도 있지', '난 괜찮은데. 그게 왜 문제야?'라고 반응할 수 있다. 그동안 중요하지 않은 부분에 민감하게 굴었다는 것을 알게 된다.

자신감도 회복하고 자신의 능력도 키울 수 있다. '자기부정'은 자신이 할 수 없는 것들을 많이 만들어 왔다. '저 ~ 못해요'라는 생각을 고정관념으로 가지고 살았지만 이제는 '제가 해 볼게요', '해 봐야 알죠' 처럼 스스로 뭔가를 하게 만든다. 그 결과 할 수 있는 것들이 실제로 많이 늘어난다.

타인 긍정^{You're OK}의 마음으로 바꾸자

타인을 부정하는 사람은 다른 사람들의 말을 듣지 않고 거부하거나 그를 불쾌하게 만드는 공격을 한다. 사람은 다른 사람과의 관계를 통해서 성장하고, 다른 의견을 받아들여 자신이 부족하다는 것을 깨닫게 된다. 하지만 타인부정에 해당하는 사람들은 그것이 가능하지 않기 때문에 자신의 생각 안에서만 살아가게 된다. 오직 자신의 의견이 정답이고 자신의 말만 주장한다. 이런 사람들은 다양한 고정관념을 가지고 있다. 마음속에 굳어버린 고정관념에 대해서 그는 그것을 '삶의 지혜'라고 여겨 다음과 같은 반응을 보인다. "내가 지금까지 얼마나 많은 사람들을 만났는데 모르겠어? 난 얼굴만 봐도 안다고." 물론 무수한 경험이 어떤 규칙을 만들기도 한다. 하지만 항상 예외가 있고 변수에 따라 변하는 것이 사람의 판단이다. 스스로 고정관념을 갖지 않도록 노력을 해야 한다. 성별, 나이, 인종, 국가, 종교, 학력, 외모, 취향 등에 따라 다양성을 인정하는 사람이 있는 반면에 타인부정의 사람은 고정관념을 만들어 그대로 판단을 한다. 타인긍정을 하게 되면 이 모든 것이 사라지게 된다. 세상 모든 일은 스스로 마음먹기에 달렸다고 하지만 이것도 타인긍정의 마음을 갖고 있는 사람에게 효과가 있다. 그래서 타인긍정의 사람은 성장 가능성이 매우 크다. 우리는 이런 사람과 함께 일하고 함께 대화를 하고 싶어한다.

삶의 균형을 만들자

'시간구조화'를 기억하는가? 폐쇄·의식·잡담·활동·게임·친교의 여섯 가지 방법으로 시간을 사용하는데, 그 중에서 친교와 활동의 긍정 스트로크가 중요하다고 설명을 했었다. 하지만 이 두 가지가 부족하다면 어쩔 수 없이 심리게임을 사용하여 부정스트로크로 대신 채우게 된다. 그렇다면 친교와 활동을 통해서 제대로 긍정스트로크를 얻게 된다면 어떻게 될까? 굳이 심리게임을 사용할 이유가 없어진다. 그러면 해결책은 간단하다. 친교의 모임을 만들고 보람된 활동을 하면 된다.

'친교'를 할 수 있는 모임은 좋은 사람들과 어울리는 것이 가능한 모임이다. 억지로 참여하거나 의무감을 가지고 참여하는 모임은 이에 해당되지 않는다. 내가 정말 좋아하는 것을 함께 하는 사람들의 모임이 이에 해당된다. 자신이 좋아하는 활동을 하는 동호회를 선택해서 적극 참여하자. 그럴 시간이 없다고 핑계를 대지 말자. 당신의 심리게임 사용을 줄이기 위한 처방책이다. 물론 동호회 회원들이 모두 좋은 사람이라고 할 수는 없다. 사람이 모인 곳에는 분명 이상한 사람들이 있기 마련이다. 하지만 그런 사람이 있을까 두려워 좋은 사람을 만나 친교를 할 수 있는 기회를 놓치지는 말자. 반드시 하나의 동호회에는 가입하여 친교를 하자.

'활동'은 직업이라고도 할 수 있다. 종종 지인을 만나면 "나 이제 일 그만두고 싶어. 어쩔 수 없이 버티며 일하고 있지만 정말 하기 싫어."라는 이야기를 들을 때가 있다. 활동을 하고는 있지만 그것을 통해서 긍정스트로크를 제대로 얻지 못하는 것이다. 활동을 통해 만족감을 얻기 위해서는 많은 조건들이 충족되어야 한다. 보수, 동료, 집과의 거리, 일하는 시간, 미래, 복지 등 많은 요소가 영향을 미친다. 모든 사람들이 자신에게 딱 맞는 직업을 선택할 수 있는 것은 아니다. 대부분 어느 정도 불편함과 불만을 감안하고 일을 하고 있다. 그렇지만 그 안에서 보람을 얻기 위한 노력을 꾸준히 해야 한다. 아무리 생각해도 긍정스트로크를 얻기 어렵다고 판단이 섰을 때는 이직도 하나의 방법이 된다. 무조건 참고 일하다간 위험한 인생태도의 사람이 될 수 있다. 자신의 삶 안에 친교 > 활동 > 잡담 > 의식 > 폐쇄 순서로 시간이 구조화되어 있는지 확인하자. 이것들이 균형을 이루도록 만드는 노력이 필요하다.

게이머의 각본을 알자

 게이머가 심리게임을 계속 하는 이유는 무엇인가? 그것은 자신의 부족한 스트로크를 얻기 위함이다. 이것은 게이머의 인생 각본이 되어 매일 심리게임을 무의식적으로 하게 만들고 그의 부족한 허기를 채워주고 있다. 이들이 회사에 가서 일을 하고 병원에 가서 진료를 받으며 고객센터에 전화를 걸어 상담을 하지만, 그때 심리게임이 벌어졌다면 이들은 자신의 허기를 채우기 위해서 일하고, 진료를 받고, 상담을 한 것이다. 회사, 병원, 고객센터는 게이머가 심리게임을 통해 쉽게 스트로크를 채울 수 있는 장소가 된다. 하지만 게이머는 자신이 이런 이유로 그곳들을 방문했다는 것을 전혀 알지 못한다. 이야기를 해 주더라도 절대로 받아들이지 않을 것이다. 그래서 게이머는 앞으로도 이 행동을 멈추지 않는다. 게이머는 자신의 '인생 각본'을 알아야 한다. 허기를 느낄 때마다 심리게임을 한다는 것을 알고 인정해야 자신의 심리게임을 중단할 수 있다.

낮은 자아의 사용을 피하지 말자

PAC에서 말하는 CP·NP·A·FC·AC의 다섯 가지를 기억해 보자. 높게 나온 자아는 많이 사용하지만 낮게 나온 자아는 사용하는데 불편함을 느끼게 된다. 그래서 그것을 피하고 싶고 그때 심리게임을 하게 된다. 자신의 심리게임 사용에 대해서 힌트를 얻고자 한다면 PAC 진단을 꼭 해 보기를 권한다. 내가 어떤 상황에서 심리게임을 쓰게 될지 예측을 할 수 있기 때문이다.

CP^{비판적 부모}가 낮으면 비판하는 것을 싫어해 주장을 해야 하는 자리에 참석하기로 해놓고 갑자기 나타나지 않을 수 있다. 나중에 그 이유를 물어보면 "내가 언제 간다고 그랬어?"라고 말을 할 것이다.

NP^{양육적 부모}가 낮으면 부드럽게 양육을 하는 것이 힘들어 어린이와 함께 있기를 피하고, 만약 함께 하더라도 불편한 기색이 쉽게 밖으로 표출될 것이다.

A^{어른}가 낮으면 객관적인 판단이 어려워 유치한 판단

을 하거나, 편견과 자격지심의 말을 할 가능성도 크다. 객관적인 판단을 해야 할 상황에서 객관을 전혀 사용하지 않고 신비주의나 미신 등을 사용하면서 스스로 논리적이고 과학적이라고 믿는다. 이 또한 여전히 A를 사용하지 않는 모습이다.

FC$^{자유로운\ 아이}$가 낮으면 자유로운 상황이 불편해서 그런 모임에 가지 않기 위해 이상한 말을 할 수 있다. 장기자랑을 하라고 하는 것은 이들에게 매우 큰 스트레스를 준다.

AC$^{순응하는\ 아이}$가 낮으면 순응하는 것이 어려워 조직 생활에 어려움을 겪고 그것을 비판하는 말을 할 수 있다. 관습적으로 약속된 말을 왜 지켜야 하는지 이해가 되지 않아 갈등이 벌어진다.

모든 사람들이 다섯 가지 자아를 다 조화롭게 쓸 수 있는 것은 아니다. 꼭 그럴 필요도 없다. 태어나 살아가는 모습이 제각각이기 때문에 우리 모두는 각자 자신만의 자아 모습을 가지게 된다. 낮게 나오는 자아는 자신의 약점으로 작용할 수 있기 때문에 그것을 있는 그대로 받아들이고 "나 사실 이것을 하는 것이 힘들어. 적응하는 게 어렵고 만나는 사람들이 불편하기도 해서 못 갈 것 같아."라고 솔직하게 말하면 된다. 그때 심리 게임을 해서 말다툼의 방식을 택하지 말자는 것이다.

반대로 낮게 나온 자아를 높이려고 노력해 보자. 그러면 불편한 상황이 줄어들어 굳이 심리게임을 써야 할 동기를 찾지 못하게 된다.

에필로그

 이 책은 심리게임을 하는 게이머들의 이야기를 소개하고 있다. 그들은 긍정스트로크를 얻지 못하는 상황이 되었기 때문에 부정스트로크에 해당되는 심리게임을 하고 있다. 그때 미끼를 던지는 것으로 시작해서 공식대로 대화를 이끌어 간다.
 무의식적으로 하는 이들의 대화는 타인을 힘들게 하고 무엇보다 자신의 삶 또한 불행하게 만든다. 주변 사람들을 점점 떠나가게 만드는데 그 원인을 타인에게서 찾는다. 그래서 이 책에서는 자신도 게이머가 아닌지 꼭 확인하라고 말하고 있다.
 사람들 사이에 벌어지는 갈등은 대화로 풀 수밖에 없다. 서로의 입장을 이야기하면서 미처 생각지 못한 상대방의 생각을 알게 된다. 그때 우리는 갈등이 왜 이렇게까지 커졌는지 알게 되며 오해를 한 자신에 대해서 부끄러운 생각도 하게 된다. 그런데 게이머는 이런 방식으로 문제를 풀 수 없다. 그들의 인생태도에는 '부정'이 있고, A가 오염되어 편견과 자격지심이 그의 판단을 지배하고 있다. 그래서 자신의 심리게임을 중단하지 않는 이상 이 문제는 평생을 통해서 진행된다.

　게이머가 이 책을 본다면 오늘부터 자신의 심리게임을 중단하자. 이것보다 더 중요한 효과는 없다. '내가 게이머였네'라는 인정을 하는 것이 생각보다 어렵지 않다. 인정하는 순간 당신은 새로운 사람이 될 수 있다.

　주변의 게이머 때문에 힘들어하는 사람이라면 이 책의 내용이 그동안의 괴로움을 덜어 주게 될 것이다. '저 사람이 게이머였구나. 그러면 나에게 문제가 있던 게 아니라 원래 이럴 수밖에 없는 거였네'라는 생각을 하는 정도로도 개운함을 느끼게 된다.

　당신의 삶에 큰 영향을 준 전환점들이 있을 것이다. 심리게임을 알게 된 것도 그런 전환점들 중 하나가 되지 않을까 생각해 본다. 이 책의 내용은 앞으로의 삶에서 계속 필요하게 될 것이다. 어느 순간 '앗, 이것도 심리게임인가?'라는 생각이 든다면 그때 이 책의 내용 중 그에 해당하는 내용을 다시 읽어 보자.

　평생 대화로 이루어지는 당신의 삶에 긍정스트로크가 넘쳐나기를 응원한다. 그리고 당신 또한 타인에게 긍정스트로크를 주는 사람이 되자.

이상한 대화의 비밀

교류분석이 말하는 **기분 나쁜 대화** 해결하기

초판발행	2021년 11월 1일
지은이	김진태, 한미선, 전은지, 박지현, 이성옥
펴낸이	Leo Kim
펴낸곳	brainLEO
등록	2016년 1월 8일 제2016-000009호
주소	서울시 양천구 중앙로 324, 203호
전화	02) 2070-8400
홈페이지	opraseno.com
이메일	jint98@naver.com
ISBN	979-11-971585-5-1 (03170)

파본이나 잘못 만들어진 책은 구입하신 곳에서 교환해 드립니다.
©2021 brainLEO

이 책의 저작권은 brainLEO와 저자에게 있습니다. 저작권법에 의해 보호를 받는 저작물이므로 무단전재와 복제를 금하며, 이 책 내용의 전부나 일부를 이용하려면 반드시 저작권자와 출판사의 허락을 받아야 합니다.